Grandes Lignes

3 HAVO CAHIER D'ACTIVITÉS B

Khadija Berg-Moumadi
Elies Brocken
Carlijn Brouwer
Paulien Hommersom-Schreuder
Saskia Hoogerwerf-Beijer
Marije Jansen
Isabelle Morice
Jate Terpstra
Berrie de Zeeuw

In samenwerking met Sebastiaan Dönszelmann, Vrije Universiteit Amsterdam, *Doeltaal-Leertaal*

Noordhoff

Hoe werk je met…?

NATUURLIJK, JE GAAT FRANS LEREN!

Frans leren is handig voor als je op vakantie naar Frankrijk gaat. Maar er wordt op veel meer plekken in de wereld Frans gesproken, bijvoorbeeld in België, Canada en Marokko. Door de Franse cultuur te ontdekken, zul je ook je eigen taal en gewoontes beter leren kennen. Met andere woorden: door Frans te leren wordt je wereld een stukje groter, en je wereldbeeld dus ook!

HOE WERK JE MET DIT BOEK?

Je hebt twee ***cahiers d'activités***: deel A en deel B. Ieder *cahier* bestaat uit vier hoofdstukken. In het laatste hoofdstuk van beide *cahiers* herhaal je de lesstof uit de eerdere hoofdstukken. Maar je hoeft niet te wachten tot je hoofdstuk 1 tot en met 3 of hoofdstuk 5 tot en met 7 helemaal hebt gemaakt. Je kunt ook tussendoor al opdrachten maken uit hoofdstuk 4 of 8. Zo, dat schiet lekker op!
Doet je school mee aan DELF? Dan kun je in dit hoofdstuk ook oefenopdrachten vinden. Alle teksten en opdrachten vind je bij elkaar in dit *cahier*. Maar dat is niet alles, want je kunt ook *en ligne*, aan de slag.

MET FLEX HEB JE:

- ☐ elk schooljaar een nieuw boek
- ☐ een boek om in te markeren en te werken
- ☐ een effectief leermiddel

OPBOUW VAN DE HOOFDSTUKKEN

Of je nu *en ligne* werkt of uit je boek, ieder hoofdstuk is op dezelfde manier opgebouwd.

Introduction	Introductie op het hoofdstuk, met een filmpje
Partie 1	**A** Écouter: luisteren
	B Lire: lezen
	C Phrases-clés et parler: spreken
	D Grammaire et écrire: grammatica en schrijven
Francofolies	Weetjes over Frankrijk en andere Franstalige landen
Partie 2	**E** Regarder: kijken
	F Lire: lezen
	G Phrases-clés et parler: spreken
	H Grammaire et écrire: grammatica en schrijven
Arrêt	Overzicht van alle leerstof
Tâche	Een taak, waarin je alles gebruikt wat je in het hoofdstuk hebt geleerd

WAT IS ER ANDERS IN DE 3E KLAS?

Dit jaar is een aantal paragrafen anders ingevuld, zodat jij meer te kiezen hebt en met onderwerpen aan de slag kunt gaan die jij het leukst vindt. Waar je die verschillen tegenkomt? Kijk maar eens mee naar:

Francofolies	Hierin krijg je een kijkje in de geschiedenis van Frankrijk.
E Regarder	De video's gaan dit jaar steeds over een ander onderwerp. Dat maakt het anders dan het doorlopende verhaal uit de vorige leerjaren.
F Lire	Niet meer 1 lange leestekst, maar 3 of 4 korte, over verschillende onderwerpen.
Tâche	Liever spreken of liever schrijven? Kies zelf welke eindtaak je maakt.
DELF	Je maakt kennis met DELF-opdrachten op A2-niveau.
Le plaisir de lire	Ontdek allerlei liedjes, strips en korte fragmenten, soms in het Frans en soms in het Nederlands.

Bij al deze paragrafen heb je keuze-opdrachten: jij bepaalt hier wat je gaat maken!

VOLG JE EIGEN LEERROUTE IN *GRANDES LIGNES EN LIGNE*

In *Grandes Lignes en ligne* kun je alle opdrachten maken. Dan krijg je direct verbetertips voor de opdrachten die je (nog) niet goed hebt gemaakt. Je vindt er bovendien luisterfragmenten, Franse filmpjes en video-uitleg. Als je *en ligne* werkt, kun je ook nog eens je eigen leerroute volgen: je krijgt extra opdrachten en uitleg of je mag opdrachten overslaan. Net wat bij jou past.

★ Deze vraag is iets moeilijker.

↻ Deze vraag is iets makkelijker.

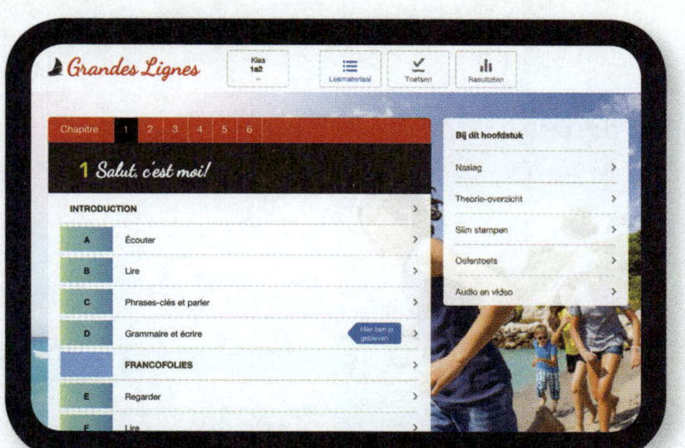

EXTRA IN *GRANDES LIGNES EN LIGNE*: OEFENTOETS EN SLIM STAMPEN

Met de oefentoets ga je na of je klaar bent voor het proefwerk. De computer kijkt je antwoorden na en je krijgt een overzicht van je resultaten met studieadvies dat daarbij past. Slim stampen gebruik je om woorden en grammatica te leren. Als je je woorden leert met Slim stampen, kun je maar liefst twee punten hoger halen op je kennistoets!

C'EST EN FRANÇAIS!

Je weet al dat de instructies bij de opdrachten in het Frans zijn. Maar geen zorgen: bijna alle woorden die we gebruiken, kun je terugvinden op bladzijde 6.

Table des matières

Cahier		BUT	PHRASES-CLÉS	VOCABULAIRE
CAHIERS D'ACTIVITÉS A	ON Y VA 8	In dit hoofdstuk ga je aan de slag met stof uit leerjaar 1 en 2.		
CAHIERS D'ACTIVITÉS A	1 POSTE, LIKE, PARTAGE 16	vertellen over je vrienden en social media	vertellen over je vrienden en social media	– social media – vriendschap
CAHIERS D'ACTIVITÉS A	2 DU TEMPS POUR MOI 54	vertellen over je vrije tijd	vertellen over je vrije tijd	– activiteiten – hobby's – films en series – mening
CAHIERS D'ACTIVITÉS A	3 EN ROUTE! 92	jezelf redden op reis	vertellen over je reis en je accommodatie	– reizen – vervoermidddel – milieu
CAHIERS D'ACTIVITÉS A	4 LE PONT 130	In dit hoofdstuk oefen je met de lesstof uit hoofdstuk 1 tot en met 3.		
CAHIERS D'ACTIVITÉS B	5 AU RESTO! 8	jezelf redden in een restaurant	iets bestellen en je redden in een restaurant	– eten – drinken
CAHIERS D'ACTIVITÉS B	6 C'EST MOI 44	vertellen over jezelf en je gewoontes	vertellen over jezelf en je gewoontes	– familie – dagindeling – kloktijden
CAHIERS D'ACTIVITÉS B	7 À TOUT PRIX! 82	dingen omschrijven	praten over geld en dingen omschrijven	– kleuren – vormen – materiaal
CAHIERS D'ACTIVITÉS B	8 LE PONT 116	In dit hoofdstuk oefen je met de lesstof uit hoofdstuk 1 tot en met 7.		

PRONONCIATION	TUYAUX	GRAMMAIRE	TÂCHE
			A1 Parler/Écrire iemand interviewen
letters aan het eind van een woord	– de *futur*	– het bijvoeglijk naamwoord – de werkwoorden op *-re*	**A2 Parler** je vriend(in) voorstellen **A2 Écrire** een Fakebook pagina maken
é en *è*	– intonatie bij luisteren – de *imparfait* – de signaalwoorden	– *à* en *de* + lidwoord – de werkwoorden op *-ir*	**A2 Parler** een videodagboek maken **A2 Écrire** op een forum reageren
neusklanken		– het persoonlijk voornaamwoord als lijdend voorwerp – de *passé composé*	**A2 Parler** een vakantiewoning presenteren **A2 Écrire** een beoordeling schrijven

Ook ga je kennismaken met DELF-opdrachten op A2-niveau en kun je verder met strips, tekstfragmenten en liedjes in *Le plaisir de lire*.

PRONONCIATION	TUYAUX	GRAMMAIRE	TÂCHE
liaison		– het delend lidwoord – het werkwoord *venir*	**A2 Parler** een scène spelen **A2 Écrire** een commentaar schrijven
verschil tussen mannelijke en vrouwelijke bijvoeglijke naamwoorden		– de vergelijkingen – de woordvolgorde	**A2 Parler** een vlog maken **A2 Écrire** een mail schrijven
oi en *ai*	– woordenboek: woorden met meer betekenissen	– de *impératif* – de ontkenning	**A2 Parler** een scène spelen **A2 Écrire** een folder maken

Ook ga je verder met DELF-opdrachten op A2-niveau en met strips, tekstfragmenten en liedjes in *Le plaisir de lire*.

Au travail

Lire	Lezen
Lis le titre et l'introduction du texte.	Lees de titel en de inleiding van de tekst.
Lis les sous-titres.	Lees de tussenkopjes.
Lis le texte en entier.	Lees de tekst helemaal.
Regarde les images.	Kijk naar de plaatjes.

Écouter	Luisteren
Écoute le dialogue.	Luister naar het gesprek.
Écoute de nouveau ...	Luister nog eens naar ...

Regarder	Kijken
Regarde le film.	Kijk naar de film.

Parler	Spreken
Dis/Dites une phrase à tour de rôle.	Zeg om de beurt een zin.
Parle/Parlez.	Spreek.
Répète les phrases.	Zeg de zinnen na.
Travaillez à deux: jeu (de rôle).	Werk met zijn tweeën: (rollen)spel.
Travaillez en groupe.	Werk met je groepje.
Travaillez ensemble.	Werk samen.

Écrire	Schrijven
Écris un texte d'environ 50 mots.	Schrijf een tekst van ongeveer 50 woorden.
Fais des phrases entières.	Maak hele zinnen.

Les exercices	De opdrachten
Apprends A à la page 76.	Leer A op bladzijde 76.
Attention, il y a deux mots en trop.	Let op, er zijn twee woorden te veel.
Cherche les mots dans les mots cachés.	Zoek de woorden in de woordzoeker.
Cherche l'intrus.	Wat hoort er niet bij?
Choisis entre: ...	Kies uit: ...
Choisis la bonne réponse.	Kies het juiste antwoord.
Combine.	Combineer.
Complète les phrases.	Vul de zinnen aan.
Corrige les erreurs.	Verbeter de fouten.
Devine.	Raad.
Écris le bon mot sous / dans l'image.	Schrijf het juiste woord onder / in het plaatje.
Mets dans le bon ordre.	Zet in de juiste volgorde.
Remplis le tableau.	Vul de tabel in.
Réponds en néerlandais.	Beantwoord in het Nederlands.
Révise.	Herhaal.
Souligne le mot.	Onderstreep het woord.
Traduis les mots en français.	Vertaal de woorden in het Frans.
Vrai ou faux?	Waar of niet waar?

Le français en classe

Ton prof	**Au début du cours**	**Aan het begin van de les**
	Bonjour, on va commencer.	Hallo, we gaan beginnen.
	Prenez vos livres à la page 7.	Open jullie boek op bladzijde 7.
	Allumez vos ordinateurs / tablettes.	Zet jullie laptops / tablets aan.
	Tu es en retard!	Je bent te laat!
	Cliquez sur l'exercice 3.	Klik op opdracht 3.
	Rangez vos portables.	Ruim jullie telefoons op.
	Pendant le cours	**Tijdens de les**
	Attention!	Let op!
	Au travail!	Aan het werk!
	Fais l'exercice 5.	Maak opdracht 5.
	Lis le texte à la page 25.	Lees de tekst op bladzijde 25.
	Travaillez en silence	Werk in stilte
	Répétez après moi.	Zeg mij na.
	Vous avez compris?	Hebben jullie het begrepen?
	Tu as une question?	Heb je een vraag?
	À la fin du cours	**Aan het einde van de les**
	Prenez vos agendas.	Pak jullie agenda's.
	Écrivez les devoirs.	Noteer het huiswerk.
	Rangez vos affaires.	Ruim jullie spullen op.
	À demain / jeudi!	Tot morgen / donderdag!
Toi	**Au début du cours**	**Aan het begin van de les**
	Bonjour monsieur / madame.	Hallo meneer / mevrouw.
	C'est à quelle page?	Op welke bladzijde is het?
	J'ai oublié mon livre / mon ordinateur / ma tablette.	Ik ben mijn boek / laptop / tablet vergeten.
	Excusez-moi! Je suis en retard.	Sorry! Ik ben te laat.
	Je n'ai pas fait mes devoirs.	Ik heb mijn huiswerk niet gemaakt.
	Pendant le cours	**Tijdens de les**
	Vous avez un stylo pour moi?	Heeft u een pen voor mij?
	Je ne comprends pas.	Ik begrijp het niet.
	Je ne sais pas.	Ik weet het niet.
	Vous pouvez m'aider?	Kunt u mij helpen?
	Vous pouvez répéter?	Kunt u het herhalen?
	Je peux aller aux toilettes?	Mag ik naar het toilet?
	Je peux ouvrir / fermer la fenêtre?	Mag ik het raam openen/dichtdoen?
	Je peux utiliser un dictionnaire?	Mag ik een woordenboek gebruiken?
	Je peux recharger mon ordinateur?	Mag ik mijn laptop opladen?
	Je peux travailler avec mon voisin / ma voisine?	Mag ik met mijn buurman / buurvrouw samenwerken?
	Comment on dit "..." en français?	Hoe zeg je "..." in het Frans?
	À la fin du cours	**Aan het einde van de les**
	On a des devoirs?	Hebben we huiswerk?
	C'est quand le contrôle?	Wanneer is de toets?
	Vous avez les notes?	Heeft u de cijfers?

CHAPITRE 5

Parcours

INTRODUCTION 10

PARTIE 1

A Écouter 12
B Lire 16
C Phrases-clés et parler 20
D Grammaire et écrire 22

FRANCOFOLIES 26

PARTIE 2

E Regarder 28
F Lire 30
G Phrases-clés et parler 34
H Grammaire et écrire 36

ARRÊT 38

TÂCHE 42

Au ♥ resto!

Introduction

1

a **Regarde le film.**

b **Écris des mots français qu'on utilise aussi en néerlandais. Choisis des mots différents des mots du film.**

____

____

____

2

Travaillez à deux. Lisez le détail intéressant et répondez aux questions en néerlandais. Utilisez Internet.

DÉTAIL INTÉRESSANT Elk jaar in januari is het weer spannend: welke restaurants over de hele wereld ontvangen een Michelinster of moeten juist een ster inleveren? Wanneer krijg je eigenlijk een ster? Michelin, de Franse bandenfabrikant van het bekende witte mannetje, stuurt anonieme inspecteurs die op elk moment kunnen opduiken. Zijn zij tevreden over de zeer hoge kwaliteit van het eten? Dan maakt het restaurant kans op een ster.

1 Stel je bent een anonieme inspecteur van Michelin. Waar zou jij dan op letten?

____

____

2 Zoek op internet drie restaurants in Nederland met een ster. Bekijk de menukaart, de Franse gerechten op de kaart en de prijzen. Leg uit waar je graag zou willen eten en waarom.

____

____

3 Sinds 2020 bestaat er ook een groene Michelinster. Waar zou deze voor zijn?

____

____

WAT KAN IK AL EN WAT GA IK LEREN?

- [x] Iemand interviewen On y va
- [x] Vertellen over je vrienden en social media chapitre 1
- [x] Vertellen over je vrije tijd chapitre 2
- [x] Jezelf redden op reis chapitre 3
- [ ] **Jezelf redden in een restaurant chapitre 5**
- [ ] Vertellen over jezelf en je gewoontes chapitre 6
- [ ] Dingen omschrijven chapitre 7

3 a **Regarde l'image et écris les mots en français. Tu peux utiliser un dictionnaire.**

1 ______________________

2 ______________________

3 ______________________

4 ______________________

5 ______________________

6 ______________________

7 ______________________

8 ______________________

b **Jouez en groupe:** ***jeu Boire et manger.***

VARIATION

- Speel dit spel met vier of vijf klasgenoten. Gebruik een (online) dobbelsteen.
- De speler die gooit, noemt een Frans woord rond het thema *eten en drinken* dat begint met een van de vier letters uit het schema hieronder. Weet diegene geen woord te noemen, dan mag een ander uit de groep een woord noemen. Per correct woord, krijg je één punt.
- De volgende speler is aan de beurt. Ga met de klok mee.
- De speler met de meeste punten wint!

⚀	⚁	⚂	⚃	⚄	⚅
A / B / C / D	E / F / G / H	I / J / K / L	M / N / O / P	R / S / T / U	V / W / Y / Z

A Écouter

Aan het eind van deze paragraaf:

BUTS A2 – kun je een gesprek over een etentje begrijpen.
– ken je woorden die te maken hebben met eten en drinken.
– kun je iets bestellen.

EN LIGNE Maak je de opdrachten online? Dan krijg je extra hulp of mag je vragen overslaan, net wat bij jou past.

4 a **Lis les menus et choisis.**

Menu 1	Menu 2	Menu 3
œuf mayonnaise	salade de tomates	melon
bœuf	poisson	lasagnes de légumes
mousse au chocolat	glace à la vanille	fruits de saison

Je bent met je ouders en een vriend in een restaurant in Marseille. Je vader is dol op vis, je moeder eet het liefst vlees en je vriend is vegetariër. Kies voor iedereen het menu dat het beste bij hem/haar past.

1 mon père *menu 1 / menu 2 / menu 3*

2 ma mère *menu 1 / menu 2 / menu 3*

3 mon ami *menu 1 / menu 2 / menu 3*

b **Réponds à la question.**

En jij, wat vind jij lekker? Welk menu zou jij kiezen? ______________________

5 a **Lis et écoute le dialogue *Quelle surprise!* Puis choisis la bonne réponse.**

1 Arthur téléphone à Mila. Pourquoi?
A O C'est l'anniversaire de Mila aujourd'hui.
B O Il veut faire les magasins avec elle.
C O Il veut demander quelque chose à Mila.

2 Quelle est la réaction de Mila?
A O Elle est contente.
B O Elle n'aime pas les surprises.
C O Elle ne peut pas.

b **Écoute la suite du dialogue et réponds.**

1 Noem één van de onderwerpen die aan bod komen in het vervolg van het gesprek.

____

2 Aan welke Franse woorden heb je gehoord dat het over dat onderwerp ging?

____

c **Écoute de nouveau la suite du dialogue. Choisis les bonnes phrases.**

1 O Mila twijfelt over wat ze gaat aantrekken.
2 O De jurk van Mila is te krap.
3 O Rose bedenkt een oplossing voor het probleem.
4 O Het restaurant is dicht.
5 O Mila is verbaasd als ze bij het restaurant aankomt.

★ d **Réponds à la question en néerlandais.**

Rose dit: «Tu veux toujours ma veste?». Pourquoi?

___

___

QUELLE SURPRISE!

C'est bientôt l'anniversaire de Mila. Elle va avoir 15 ans. Ses amis veulent lui faire une surprise.

- *Mila*: Allô!
- *Arthur*: Allô Mila, c'est Arthur.
- *Mila*: Salut Arthur. Ça va?
- *Arthur*: Oui, ça va. Alors, c'est bientôt ton anniversaire, non?
- *Mila*: Oui, dans une semaine.
- *Arthur*: Tu as prévu de faire quelque chose vendredi soir?
- *Mila*: Non, vendredi, je n'ai rien.
- *Arthur*: Super! Avec Rose et Antoine, on veut t'inviter au restaurant.
- *Mila*: Oh merci! C'est trop gentil! Ça me fait vraiment plaisir! Et on va à quel resto?
- *Arthur*: Je ne sais pas encore. Mais on va peut-être aller dans un nouveau resto à Montélimar. Si tu veux, on vient te chercher à sept heures et demie. Et on y va tous ensemble.
- *Mila*: D'accord! Euh, c'est un restaurant chic? Il faut être bien habillé?
- *Arthur*: Euh oui, peut-être un restaurant très chic. Qui sait? Donc fais-toi belle!
- *Mila*: À vendredi!

lui *haar*
prévu *gepland*
habillé *gekleed*

6

a Traduis les mots soulignés. Les mots sont dans le dialogue et dans le Vocabulaire A.

1 Qu'est-ce que tu veux mettre ce soir? ______________________

2 J'hésite entre ma robe noire et ma robe rouge. ______________________

3 Une heure plus tard, Mila est enfin prête. ______________________

4 Oh tu as l'air d'une star, super! ______________________

5 C'est trop gentil! Ça me fait plaisir! ______________________

b Traduis et complète les phrases. Utilise le Vocabulaire A. Choisis entre:

vlees | ijs | melk | vis | kaas

1 Je vais me faire un croquemonsieur. J'ai besoin de pain, de jambon et de ______________________.

2 Mon frère est végétarien. Il ne mange jamais de ______________________.

3 Il préfère le ______________________ comme les sardines et le hareng.

4 Et comme boisson, on prend du ______________________.

5 Et on finit avec un bon dessert: de la ______________________ à la vanille.

c Travaillez à deux: jeu *Devine*.

VARIATION

- Choisis un mot du Vocabulaire A.
- Décris (*Omschrijf*) le mot en néerlandais, mais ne donne pas la traduction.
- Ton voisin devine le mot en français.
- Changez de rôle.
- L'élève avec le plus de bonnes réponses a gagné.

7 a Écoute le dialogue et coche la commande de Maël et Louna.

b Travaillez à deux: jeu de rôle. Imaginez: vous êtes dans le restaurant du dialogue de l'exercice 7a. Vous pouvez utiliser le menu.

A
– Qu'est-ce que tu prends?
– Qu'est-ce que tu veux boire?

B
– Je prends (*noem drie dingen*).
– Je voudrais (*noem een drankje*).

EN LIGNE Apprends A à la page 38. Utilise aussi «Slim stampen».

B Lire

Aan het eind van deze paragraaf:

BUTS A2 – kun je een interview met een kok begrijpen.
– kun je de verleden tijd herkennen.

EN LIGNE Maak je de opdrachten online? Dan krijg je extra hulp of mag je vragen overslaan, net wat bij jou past.

8 **Tu vas lire un texte sur un chef de cuisine. Fais d'abord le test.**

QUIZ QU'EST-CE QUE TU MANGES?

1 Tu adores les fruits, qu'est-ce que tu prends?
A ☐ du poulet
B ☐ une compote de pommes
C ☐ une quiche lorraine

2 Tu es allergique au lait, qu'est-ce que tu ne prends pas?
A ☐ des crêpes
B ☐ des frites
C ☐ du couscous

3 Tu veux un dessert avec du chocolat, qu'est-ce que tu choisis?
A ☐ une dame blanche
B ☐ une mousse au citron
C ☐ une tarte aux pommes

1B, 2A, 3A

9 a **Lis le titre et l'introduction du texte *Chef de cuisine*. Puis choisis la bonne réponse.**

Voor wie is de tekst bedoeld?
A ○ Voor jongeren die ervan dromen om kok te worden.
B ○ Voor jongeren die graag in de bediening willen werken.
C ○ Voor mensen die aan Masterchef willen meedoen.

» CHEF DE CUISINE

La France

Tu adores cuisiner et tu regardes toutes les émissions culinaires à la télé? Tu rêves de devenir chef cuisinier? Mathieu, 20 ans, cuisinier à Paris te raconte comment réussir.

C'est quoi un chef de cuisine?

>> C'est le patron de la cuisine d'un restaurant. Il crée des recettes et il fait le menu. Il commande tous les produits et il est responsable de son équipe en cuisine. Moi, je travaille dans la cuisine d'un restaurant parisien d'un des finalistes de l'émission *Top Chef*. Je suis chef de cuisine-poissonnier. Ça veut dire que ma spécialité, c'est le poisson.

À quel âge vous avez commencé à cuisiner?

>> Je cuisine depuis que je suis tout petit. J'aidais toujours ma mère en cuisine. Elle travaillait dans un restaurant et j'allais souvent au restaurant avec elle. Ma famille est d'origine italienne. C'est pourquoi chez nous, c'est important de se retrouver tous ensemble à table pour les repas. Mon rêve d'enfant, c'était de devenir un grand chef au Jules-Verne, le restaurant de la tour Eiffel.

Vous avez suivi quelle formation?

>> J'ai fait un bac pro restauration. Ça dure trois ans et il faut faire des stages. Donc, j'étais ou à l'école ou au restaurant. Je travaillais souvent le soir et le weekend. Ce n'était pas simple parce que tous mes amis allaient dans un lycée normal et on n'avait pas le même rythme.

C'est difficile de travailler en cuisine?

>> Oui, c'est un métier très dur physiquement. On fait de longues journées: ce sont de vrais marathons d'au moins 10 heures par jour. Moi ça va, car je suis encore jeune.

Quelles sont les principales qualités d'un cuisinier?

>> D'abord, il faut aimer le travail d'équipe. Moi, j'aime beaucoup ça: on apprend beaucoup de choses des autres. Pour être un bon chef, il faut aussi aimer la nourriture et être créatif. Et enfin, il faut savoir gérer son stress.

Quels conseils vous donnez à un jeune qui rêve de devenir cuisinier?

>> C'est de travailler dur et de prendre le temps de bien apprendre toutes les techniques.

vous avez suivi	u heeft gevolgd
la formation	de opleiding
un bac pro	mbo niveau 4
physiquement	lichamelijk

b Lis de nouveau le texte et choisis la bonne réponse.

1 Wat kom je te weten over Mathieu?
A O Hij is als kok gespecialiseerd in vis.
B O Hij is finalist in het programma *Top Chef*.
C O Hij werkt in het restaurant op de Eiffeltoren.

2 Hoe heeft Mathieu kennis gemaakt met het beroep van kok?
A O Dankzij een open dag van de hotelschool.
B O Hij ging vaak uit eten.
C O Hij hielp zijn moeder altijd met koken.

3 Wat was moeilijk tijdens zijn studie?
A O Hij had een ander rooster dan zijn vrienden.
B O Hij maakte lange dagen op school.
C O Hij vond stage lopen fysiek erg zwaar.

4 Waarom kan Mathieu goed omgaan met de lange werkdagen?
A O Hij heeft weinig slaap nodig.
B O Hij is het gewend.
C O Hij is nog jong.

5 Wat vindt Mathieu leuk aan zijn werk in de keuken?
A O De uitdaging.
B O Het bedenken van nieuwe recepten.
C O Het werken in teamverband.

c Souligne les verbes à l'imparfait dans les alinéas 2 et 3. Il y en a neuf. Puis écris les formes et traduis-les.

ATTENTION Weet je nog? De *imparfait* is een verleden tijd. De uitgangen zijn: -ais, -ais, -ait, -ions, -iez, -aient. Je vertaalt deze tijd met: ik werkte, ik ging, ik was.

elle travaillait = zij werkte

d Stel je voor: je bent Mathieu en je gaat op een middelbare school over je beroep vertellen. Als voorbereiding schrijf je een tekst van minstens 30 woorden in het Nederlands over het beroep van kok (opleiding, kwaliteiten, voor- en nadelen ...). Gebruik de gegevens uit de tekst.

10 **a** **Souligne les connecteurs (*signaalwoorden*) et traduis. Les phrases sont dans le texte. Si nécessaire, regarde le tuyau à la page 177.**

ATTENTION Weet je nog? Signaalwoorden geven verbanden aan zoals een opsomming, een reden, een tegenstelling, een conclusie ...

1 C'est pourquoi chez nous, c'est important de se retrouver. ____________________

2 Je cuisine depuis que je suis tout petit. ____________________

3 Il faut faire des stages. Donc, j'étais ou à l'école ou au restaurant. ____________________

4 Moi ça va, car je suis encore jeune. ____________________

5 D'abord, il faut aimer le travail d'équipe. ____________________

b **Fais trois phrases en français d'au moins cinq mots avec les mots suivants.**

1 (*worden*) ____

2 (*het beroep*) ____

3 (*jong*) ____

11 **a** **Lis le détail intéressant.** VARIATION

DÉTAIL INTÉRESSANT *Croissants, pains au chocolat, brioches, éclairs, macarons,* wie kent ze niet? Je vindt ze allemaal in Frankrijk bij de *boulangerie-pâtisserie.*

b **Travaillez à deux: écrivez des questions pour un quiz en néerlandais comme dans l'exemple.**

Welke vorm heeft de Franse croissant? ____________________

A ☒ maanvorm B O platte vorm C O rechte vorm

- Bedenk drie quizvragen zoals in het voorbeeld over typische Franse broodjes, gebak of desserts. Gebruik internet.
- Bedenk bij iedere vraag drie antwoorden.
- Lever je vragen en antwoorden in bij je docent.

c **Travaillez ensemble: faites le quiz avec toute la classe. Vous pouvez jouer à deux. Le duo avec le plus de bonnes réponses a gagné.**

EN LIGNE Apprends B à la page 38 et révise A. Utilise aussi «Slim stampen».

C Phrases-clés et parler

Aan het eind van deze paragraaf:

BUTS A2 – kun je iets bestellen in een restaurant.
– kun je een menu samenstellen.

12 **a** **Écoute, lis et répète les phrases-clés. Puis joue le dialogue avec ton voisin.**

PHRASES-CLÉS Aller au restaurant avec un ami

1 Qu'est-ce que tu veux *boire*?	Je voudrais *un verre d'eau*.
2 Qu'est-ce que tu prends?	Je prends *le plat du jour*.
3 Qu'est-ce que c'est *le plat du jour*?	C'est *le poulet aux olives*.
4 Tu prends aussi *un dessert*?	Je ne sais pas encore.
5 Alors, on commande?	Oui, j'ai faim.

b **Remplace *un verre d'eau* et *le poulet* par d'autres mots. Puis jouez de nouveau le dialogue des phrases-clés. Utilisez vos mots du vocabulaire thématique.**

VOCABULAIRE THÉMATIQUE

l'eau	le coca, le jus d'orange, le lait, ...
mes mots	
le poulet	le poisson, la viande, les crêpes, ...
mes mots	

13 **Travaillez à deux: jeu de rôle. Regardez la formule du midi et jouez le dialogue. Utilisez les phrases-clés.**

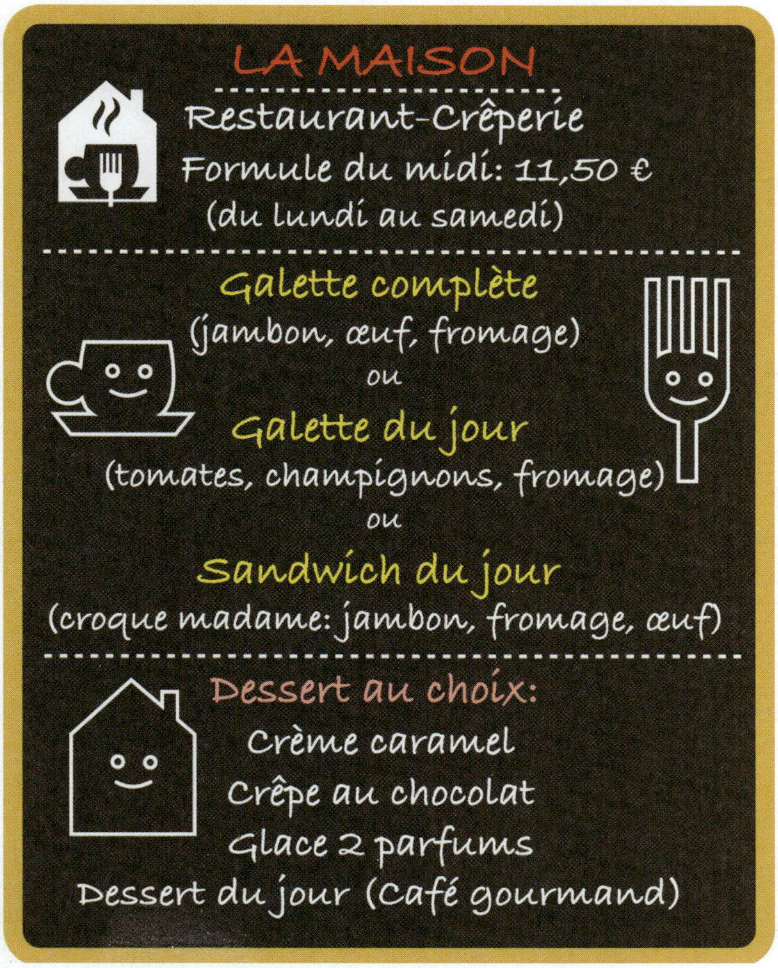

A
- Qu'est-ce que tu veux boire?
- Qu'est-ce que tu prends?
- Tu prends aussi un dessert?
- Alors, on commande?

B
- (*Vertel wat je graag zou willen drinken.*)
- (*Vertel wat je neemt.*)
- (*Vertel wat je neemt.*)
- (*Geef antwoord.*)

14 **a** **Qu'est-ce que tu aimes et n'aimes pas? Complète le tableau en français. Tu peux utiliser le Vocabulaire A et B ou un dictionnaire.**

	Boissons	Entrées	Plats	Desserts
J'♥				
Je n'♥ pas				

b **Travaillez en groupe: jeu de rôle.**

- Jullie gaan vanavond samen eten.
- Bespreek in het Frans wat jullie gaan eten en drinken. Gebruik de gegevens uit opdracht 14a en de *phrases-clés*.
- Aan het einde van het gesprek maak je samen een boodschappenlijst voor het etentje op een apart blaadje.

EN LIGNE Apprends C à la page 40. Utilise aussi «Slim stampen».

D Grammaire et écrire

BUTS A2 Aan het eind van deze paragraaf:
- kun je een eenvoudig recept schrijven.
- kun je het delend lidwoord gebruiken.
- weet je dat je na werkwoorden als *aimer* een lidwoord gebruikt.

EN LIGNE Maak je de opdrachten online? Dan krijg je extra hulp of mag je vragen overslaan, net wat bij jou past.

15 a **Travaillez à deux. Traduisez les phrases puis essayez d'expliquer la différence entre *le* et *du*.**

1 Je mange **du** fromage. ______________________

2 **Le** fromage est délicieux. ______________________

3 Tu veux **du** fromage? ______________________

b **Lis la Grammaire.**

GRAMMAIRE Het delend lidwoord

Weet je het nog? Als je in het Nederlands géén lidwoord gebruikt, komt er in het Frans wél iets: een delend lidwoord. De delende lidwoorden zijn *du, de la, de l'* en *des*.

J'achète **du** poisson, **de la** viande, **de l'**eau et **des** légumes. — Ik koop vis, vlees, water en groente.

	enkelvoud	meervoud
mannelijk	**du**	**des**
vrouwelijk	**de la**	**des**
met h of klinker	**de l'**	**des**

Na een woord van hoeveelheid gebruik je ***de*** of ***d'*** (voor een klinker of een stomme h). Woorden van hoeveelheid zijn: *beaucoup, trop, peu, un kilo, un verre, une bouteille, une boite, un paquet ...*

Je prends un verre **d'**eau. — Ik neem een glas water.

EN LIGNE Regarde la vidéo sur *Grandes Lignes en ligne*.

c **Choisis. Dans la deuxième phrase, tu vois si le mot est masculin ou féminin.**

1 Je mange *du / de la / des* légumes presque tous les jours. J'adore les légumes.

2 On mange souvent *du / de la / des* soupe. J'adore la soupe de légumes.

3 Une quiche avec *du / de la / des* fromage c'est trop bon, surtout si le fromage est français!

4 J'aime les crêpes avec *du / de la / des* chocolat. Mon chocolat préféré est le chocolat noir.

5 Aujourd'hui, ma sœur achète *du / de l' / de la* viande. Elle adore la viande rouge comme le bœuf.

d Regarde les images d'un petit déjeuner, d'un déjeuner et d'un diner en France. Et toi, qu'est-ce que tu manges et bois? Complète les phrases.

1 Au petit déjeuner, je mange ____________________

et je bois ____________________.

2 À midi, je mange ____________________

et je bois ____________________.

3 Au diner, je mange ____________________

et je bois ____________________.

16

a Travaillez à deux. Regardez les exemples et répondez aux questions en néerlandais.

J'achète du chocolat.	J'aime le chocolat.
Ils vendent des croissants.	J'adore les croissants.

1 Wat valt je op als je de linker zinnen met de rechter zinnen vergelijkt? ____________________

2 Probeer de regel te bedenken.

b Lis la Grammaire.

GRAMMAIRE Het lidwoord na *aimer, adorer, préférer* en *détester*

Na de werkwoorden *aimer, adorer, préférer* en *détester* komt altijd het lidwoord *le, la, l'* of *les* als er een zelfstandig naamwoord volgt.

J'aime **le** poisson.	Ik houd van vis.
Mais je préfère **la** viande.	Maar ik heb liever vlees.

EN LIGNE Regarde la vidéo sur *Grandes Lignes en ligne*.

c Écoute les phrases. Coche les phrases avec le verbe *aimer, adorer, préférer* ou *détester*.

1 ○ 2 ○ 3 ○ 4 ○ 5 ○ 6 ○

d Complète avec *le, la, l', les, du, de la, de l', des, de* ou *d'*.

1 Tu manges souvent ___________ croissants?

2 Oui, j'adore ___________ croissants.

3 Tu préfères ___________ eau minérale comme boisson?

4 Oui, je bois au moins un litre ___________ eau par jour.

5 Et les fruits? Tu aimes ___________ oranges?

6 Oui, il ne faut donc pas oublier d'acheter ___________ oranges!

e Décris ton sandwich préféré. Complète les phrases.

Dans mon sandwich préféré, il y a ____

Je mange beaucoup ____.

Par contre, je déteste ____

f Imagine: tu es en vacances en France. Ton ami(e) va faire la cuisine pour toi et t'envoies un message. Réponds au message. Utilise au moins 15 mots. Fais attention aux articles.

Je vais au supermarché. Qu'est-ce que tu veux manger? Qu'est-ce que tu aimes? Et qu'est-ce que tu n'aimes vraiment pas?

____

____

____

____

____

____

17

Travaillez en groupe: *Jeu de la nourriture.*

- Zet pionnen (of gummetjes, paperclips, ...) op het vak *Départ* (*start*).
- Gooi met een (online) dobbelsteen.
- Maak steeds een zin met het product op het vakje en een delend lidwoord, een woord van hoeveelheid of een werkwoord als *aimer*.
- De mannelijke woorden zijn blauw en de vrouwelijke woorden zijn roze gekleurd.
- Bij een goede zin mag je blijven staan, bij een foute zin moet je terug naar waar je stond.
- Daarna is de volgende speler aan de beurt. Ga met de klok mee.
- Wie bereikt als eerste het vakje *Arrivée*?

18 **Tu vas préparer un plat simple (par exemple un croquemonsieur). Prends des photos de tous les ingrédients et de toutes les étapes (*stappen*) de la préparation. Tu peux aussi tout dessiner. Écris des phrases sous les photos et utilise des articles (*du, de la, de l', des, de, d', le, la, l'* ou *les*).**

EN LIGNE Apprends D à la page 41. Utilise aussi «Slim stampen» et la *Boite à Gram*.

Francofolies

Louis XVI est sensible et timide. Il n'est pas fait pour le métier de roi.

La famille royale aime le luxe. La reine dépense beaucoup d'argent.

En 1789, c'est la fin de la monarchie absolue. Chaque année, le 14 juillet, on fête la Liberté, l'Égalité et la Fraternité.

COMPAREZ

AU CHOIX

À CETTE ÉPOQUE, COMMENT ÉTAIT LA SITUATION HISTORIQUE AUX PAYS-BAS? ÉCRIVEZ UN PETIT TEXTE EN NÉERLANDAIS OU FAITES UN DESSIN, UNE BANDE DESSINÉE.

- 15 MIN -

DES DIFFÉRENCES

AU CHOIX

CHERCHEZ DES INFORMATIONS SUR LA VIE DU PEUPLE (*VOLK*) ET LA VIE DES NOBLES (*ADEL*) EN 1789 EN FRANCE. NOMMEZ AU MOINS TROIS DIFFÉRENCES.

- 15 MIN -

CHOISIS UNE CHANSON

- 10 MIN -

CHERCHE LE TOP 50 EN FRANCE. CHOISIS TA CHANSON FRANÇAISE PRÉFÉRÉE DU TOP 50 ET CHERCHE LES PAROLES (*SONGTEXT*). NOTE LE THÈME PRINCIPAL DE LA CHANSON EN NÉERLANDAIS SUR UNE FEUILLE.

Planète Culture

La chanson française

En France, 40% des chansons à la radio sont en français. Pourquoi? Parce que c'est une règle pour protéger les chansons françaises. Comme ça, les artistes français continuent d'avoir du succès en France.

Les châteaux de la Loire

À la Renaissance, on a construit de superbes châteaux le long de la Loire. Le roi François 1er a fait construire le château de Chambord. On dit que Léonard de Vinci a été l'un des architectes.

FAITES UN PROGRAMME

- 20 MIN -

IMAGINEZ QUE VOUS ÊTES DANS LA RÉGION DE LA LOIRE. VOUS PRÉFÉREZ VISITER UN CHÂTEAU, DÉCOUVRIR LA LOIRE EN CANOË, ET ... CHOISISSEZ DES ACTIVITÉS POUR UNE JOURNÉE ENTRE AMIS.

E Regarder

Aan het eind van deze paragraaf:

BUTS A2 – kun je de belangrijkste informatie uit een film begrijpen.
– ken je woorden die te maken hebben met eten en drinken.

EN LIGNE Bij de film maak je opdrachten op het niveau dat bij je past: in de A-, de B- of de C-route.

19 **Regarde le film et choisis un exercice à la page 153.** AU CHOIX

- Op pagina 153 vind je een carrousel met keuzeopdrachten.
- Gebruik een dobbelsteen om te bepalen welke opdracht je gaat maken of kies zelf.

EN LIGNE Regarde le film sur *Grandes Lignes en ligne* et choisis un exercice.

20 **a** **Écoute le dialogue dans un restaurant et combine. Qui dit quoi?**

- Louis
- Le client
- La cliente

- Voilà la carte.
- Je n'ai pas commandé de bœuf.
- Une carafe d'eau, s'il vous plait.
- Mes frites sont froides.
- Vous avez encore du pain?
- Je n'ai pas de couteau.
- Bon appétit!

b **Travaillez à deux. Dites une phrase à tour de rôle. Faites le plus de phrases possible.**

Vous avez encore	*du pain?*
	...
Je n'ai pas commandé *de/d'*	*boeuf.*
	...

21 **Mets les dominos dans le bon ordre et complète le tableau. Les mots sont dans le Vocabulaire E.**

le sel et le poivre	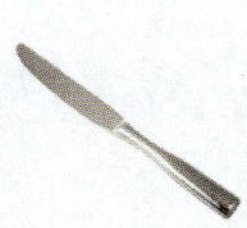	**le beurre**		**la fourchette**	
1		2		3	
l'assiette		**le pourboire**		**le couteau**	
4		5		6	

1					

EN LIGNE Apprends E à la page 39. Utilise aussi «Slim stampen».

F Lire

Aan het eind van deze paragraaf:

BUT A2 – kun je informatie vinden in korte teksten.

EN LIGNE Maak je de opdrachten online? Dan krijg je extra hulp of mag je vragen overslaan, net wat bij jou past.

22 **Lis les quatre textes globalement. Choisis les quatre sujets.**

1 ○ een aanval
2 ○ een boot
3 ○ een haai
4 ○ een metrostation
5 ○ een recept
6 ○ een reclame

23 a **Lis le texte *Le métro au cinéma* et choisis la bonne réponse.**

Wat is waar volgens de tekst?
A ○ Het metrostation is de favoriete ontmoetingsplek van verliefde stellen.
B ○ Het metrostation is toegankelijk voor iedereen.
C ○ Het metrostation wordt alleen gebruikt voor opnames.
D ○ In Parijs worden steeds meer films in een metrostation opgenomen.

b **Lis le texte *Quel pied ce voilier!* et choisis la bonne réponse.**

Choisis le mot qui manque.
A ○ car
B ○ donc
C ○ mais

c **Lis le texte *Nager avec un requin* et réponds à la question en français.**

Ocean Ramsay noemt de haai "*un beau et gentil colosse* (*reus*)". Welke twee negatieve omschrijvingen gebruikt de auteur voor "haai"?

____

d **Lis le texte *Le (vrai!) chocolat chaud* et mets dans le bon ordre.**

De aanwijzingen (a, b, c, d) in het recept voor warme chocolademelk staan door elkaar. Schrijf de letters in de juiste volgorde.

________ – ________ – ________ – ________

★ e **Lis de nouveau le texte *Quel pied ce voilier!* et choisis la bonne réponse.**

Qu'est-ce qu'on peut conclure du texte?
A ○ Il faut interdire la construction de bateaux en plastique.
B ○ Il faut recycler toutes les chaussures.
C ○ La pollution est dangereuse pour les animaux et pour les gens.
D ○ Les pêcheurs doivent porter des chaussures sur leurs bateaux.

LE COIN PRESSE

LE MÉTRO AU CINÉMA

Une femme qui rêve à la fenêtre d'un wagon, quelqu'un qui rate son métro, un rendez-vous amoureux sur la voie ... Il y a beaucoup de scènes de métro dans le cinéma français! Mais comment fait-on pour filmer dans le métro? En fait, les scènes sont tournées à la station Porte des Lilas-Cinéma, dans le nord-est de Paris. Cette station n'est plus sur les plans depuis 1939, on l'utilise seulement pour le tournage de films, clips et pubs.

QUEL PIED CE VOILIER!

Ce bateau s'appelle Flipflopi (tong en anglais). C'est un voilier typique de l'Océan Indien, utilisé surtout en Afrique de l'est. Sa construction a pris trois ans et il mesure neuf mètres de long. Il est spécial ______ il est fait de 30 000 tongs trouvées sur les plages. Son but: attirer l'attention sur la pollution plastique dans l'Océan Indien. Dangereuse pour les tortues et les poissons, la pollution menace aussi les 12 millions de pêcheurs en Afrique.

NAGER AVEC UN REQUIN

«C'était juste un beau et gentil colosse». Ocean Ramsay est prof de plongée à Hawaï. Elle a rencontré son premier requin à l'âge de sept ans. Alors commence sa passion pour ce monstre des mers. Cette spécialiste des requins n'a pas hésité à nager avec une femelle de 6m de long à Hawaï. Dans les médias, on décrit ces animaux comme des machines à tuer. Mais selon elle, les requins ne sont pas dangereux et il faut les protéger.

LE (VRAI!) CHOCOLAT CHAUD

Qui n'aime pas le chocolat chaud? Je ne parle pas de poudre de cacao, mais de vrai chocolat. Voilà la recette:

a – Ajoute 75g de chocolat noir cassé en morceaux.
b – Et voilà: ton délicieux chocolat chaud est prêt! Il faut le boire tout de suite!
c – Fais chauffer 30cl de lait avec un peu de sucre vanillé.
d – Utilise un fouet pour faire mousser le chocolat.

la voie	het perron
la tong	de slipper
les pêcheurs	de vissers

tuer	doden
chauffer	opwarmen
un fouet	een garde

24 **Choisis un texte, lis de nouveau le texte et fais l'exercice.** AU CHOIX

Schrijf minimaal vier dingen in het Nederlands op over het metrostation *Porte des Lilas-Cinéma,* de boot *Flipflopi* of Ocean Ramsay. Of maak tekeningen van de vier stappen van het recept op een apart blaadje.

____

____

____

____

25 **a Complète l'article suivant avec les bons mots. Les mots sont dans le texte. Choisis entre:**

la mer | menace | protéger | but | attirer l'attention | pollution

Nous avons de gros problèmes écologiques. Il y a beaucoup de (1) ______________ plastique dans (2) ______________ . Cela (3) ______________ beaucoup d'animaux comme les poissons. Greenpeace veut (4) ______________ ______________ sur ce problème. Il faut (5) ______________ les océans. Sinon, les poissons vont mourir (*doodgaan*). Le (6) ______________ de Greenpeace est de sauver la planète.

b Traduis. Fais attention à la forme des mots. Les mots sont dans le texte.

1 J'ai un problème avec (*mijn boot*) ______________ .

2 Le moteur est (*kapot*) ______________ .

3 Et il y a (*alleen maar*) ______________ un petit moteur.

4 (*Ik droom*) ______________ d'acheter un voilier.

5 Je voudrais voyager et nager dans la mer (*warm*) ______________ .

c Fais les rébus. Écris les quatre mots en français. VARIATION

1 ______________ 2 ______________

3 ______________________

4 ______________________

d **Choisis un mot français du Vocabulaire A à F, dessine et fais un rébus comme dans l'exercice 25c.**

VARIATION

EN LIGNE Apprends F à la page 39 et révise E. Utilise aussi «Slim stampen».

G Phrases-clés et parler

Aan het eind van deze paragraaf:

BUTS A2 – kun je je redden in een restaurant.
– weet je wanneer je een *s* aan het eind van een woord uitspreekt.

26 a **Lis le tuyau. Puis écoute et répète.**

TUYAU La prononciation du *s* à la fin d'un mot

Nous aimon**s** le**s** asperges.

Je spreekt een ***s*** aan het eind van een Frans woord niet uit, behalve als het volgende woord met een klinker of stomme h begint. Dan klinkt de ***s*** als een ***z***. Dit noem je in het Frans *la liaison.*

vous avez   nous habitons   les olives   des amandes

b **Écoute et lis les phrases. Souligne les liaisons.**

Exemple:

1 Vous avez encore des abricots?

2 Les trois enfants mangent des oranges.

3 Nous allons dans un restaurant chic.

4 Mes aubergines sont froides.

5 Il y a des œufs dans ce plat?

6 J'aime la salade avec des avocats.

c **Écoute, lis et répète les phrases-clés. Puis joue le dialogue avec ton voisin.**

PHRASES-CLÉS Se débrouiller au restaurant

1 Excusez-moi, il y a une erreur. Je n'ai pas commandé de *poisson*.
2 Je peux avoir *de la mayonnaise*?
3 Je n'ai pas de *couteau*.
4 Vous avez encore *du pain*?
5 Il y a *des noix* dans ce plat?
6 *Mes frites* sont *froides*.
7 *Une carafe d'eau*, s'il vous plait.

DÉTAIL INTÉRESSANT Als je in een Frans restaurant *une carafe d'eau* bestelt, krijg je gratis kraanwater in een karaf.

d **Remplace *couteau* et *du pain* par d'autres mots. Puis jouez de nouveau le dialogue des phrases-clés. Utilisez vos mots du vocabulaire thématique.**

VOCABULAIRE THÉMATIQUE

couteau	fourchette, verre, serviette, ...
mes mots	
du pain	de la mayonnaise, du beurre, de la sauce, ...
mes mots	

27

Regarde les images, écoute les dialogues et combine. Complète avec le numéro du bon dialogue. Il y a un dialogue en trop.

dialogue numéro ___________

dialogue numéro ___________

dialogue numéro ___________

28

a **Imagine: tu es au restaurant et il y a un problème. Invente deux nouvelles situations. Écris des mots-clés en français.**

____

____

b **Travaillez à deux. Tu joues le rôle du client et ton voisin joue le rôle du serveur. Utilisez les situations de l'exercice 28a et jouez les dialogues. Puis changez de rôle.**

EN LIGNE Apprends G à la page 40. Utilise aussi «Slim stampen».

H Grammaire et écrire

BUTS Aan het eind van deze paragraaf:
A2 – kun je op een reactie schrijven.
– kun je het werkwoord *venir* gebruiken.

EN LIGNE Maak je de opdrachten online? Dan krijg je extra hulp of mag je vragen overslaan, net wat bij jou past.

29 a **Lis la Grammaire.**

GRAMMAIRE Het werkwoord *venir*

Het werkwoord *venir* (komen) is onregelmatig.

Je viens de Belgique. — **Ik kom** uit België.

venir	**komen**
je **viens**	ik kom
tu **viens**	jij komt
il/elle **vient**	hij/zij komt
on **vient**	wij komen
nous venons	wij komen
vous venez	jullie komen / u komt
ils/elles **viennent**	zij komen

EN LIGNE Regarde la vidéo sur *Grandes Lignes en ligne.*

b **Traduis.**

1 Tu (*komt*) ______________________ chez moi samedi soir?

2 Oui, je (*kom*) ______________________ à quelle heure?

3 Ma cousine (*komt*) ______________________ à 20h30.

4 Et Lucas et Amélie (*komen*) ______________________ à 21h00.

5 D'accord, avec Jonas, nous (*komen*) ______________________ vers 21h00 aussi.

30 a **Lis la Grammaire.**

GRAMMAIRE De *passé composé* van *venir*

Om de passé composé van het werkwoord *venir* te maken, gebruik je, net als in het Nederlands, het hulpwerkwoord *zijn* (*être*) en een voltooid deelwoord (*venu*).
Weet je het nog? Als je *être* gebruikt, komt er soms een extra ***e*** en/of ***s*** achter het voltooid deelwoord. Dat hangt af van het onderwerp.

Il **est venu** en train.	Hij **is** met de trein **gekomen**.
Elle **est venue** à trois heures.	Zij **is** om drie uur **gekomen**.

	mannelijk	vrouwelijk
enkelvoud	Il est venu.	Elle est venue**.**
meervoud	Ils sont venu**s.**	Elles sont venu**es.**

EN LIGNE Regarde la vidéo sur *Grandes Lignes en ligne*.

b **Fais les mots croisés.**

1 wij komen
2 zij is gekomen
3 zij zijn gekomen (*m*)
4 jullie komen
5 zij komt
6 ik kom
7 hij is gekomen
8 hij komt

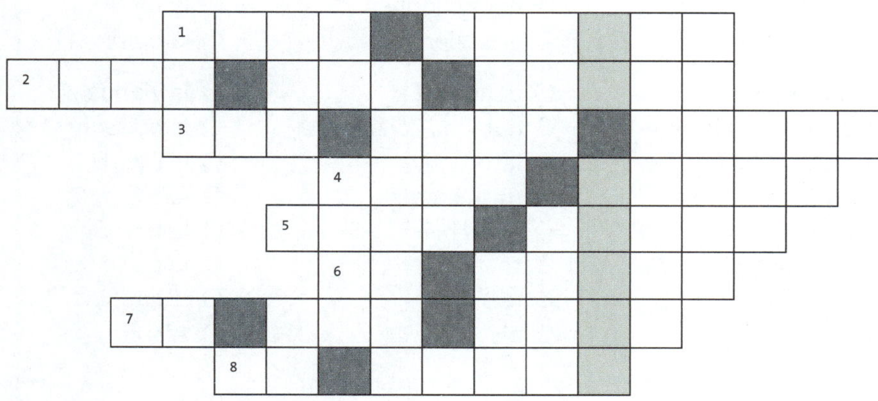

Quels sont les mots dans la colonne grise? ______

Qu'est-ce que ça veut dire? ______

★ c **Écris deux phrases au présent et deux phrases au passé composé avec le verbe venir. Écris au moins cinq mots par phrase.**

1 ______
2 ______
3 ______
4 ______

31 **Lis le post et écris une réaction d'au moins trente mots en français.**

Salut. Un Five Guys vient d'ouvrir dans ma ville. J'y ai été avec mes amis. J'ai trouvé que c'était très bon. Mais c'est un peu cher pour moi. Et vous, qu'est-ce que vous en pensez?

______
______
______

EN LIGNE Apprends H à la page 41. Utilise aussi «Slim stampen» et la *Boite à Gram*.

ARRÊT **Apprendre**

VOCABULAIRE

Leer de woorden in de witte blokken beide kanten op, dus Frans-Nederlands en Nederlands-Frans. De woorden in de blauwe blokken leer je alleen Frans-Nederlands.

↺ De woorden waar dit symbool achter staat, zijn herhaling uit jaar 1 en 2 of uit eerdere hoofdstukken van jaar 3.

EN LIGNE Slim stampen

A

Français ←→	Néerlandais	Français ←→	Néerlandais
○ manger ↺	○ eten	○ gentil, gentille ↺	○ lief
○ sauver	○ redden	○ prêt(e)	○ klaar
○ hésiter	○ twijfelen	○ la vie ↺	○ het leven
○ avoir soif ↺	○ dorst hebben	○ le verre	○ het glas
○ avoir faim ↺	○ honger hebben	○ la bouteille	○ de fles
○ avoir besoin (de) ↺	○ nodig hebben	○ la tasse	○ het kopje
○ avoir l'air ↺	○ eruitzien	○ la boite	○ de doos, het blik
○ mettre	○ aandoen	○ la viande ↺	○ het vlees
○ ça me fait plaisir	○ dat vind ik leuk	○ le poisson ↺	○ de vis
○ plus tard	○ later	○ le bœuf	○ het rundvlees
○ enfin ↺	○ (uit)eindelijk	○ la crêpe ↺	○ de pannenkoek
○ peut-être ↺	○ misschien	○ le fromage ↺	○ de kaas
○ trop (de) ↺	○ te	○ la glace ↺	○ het ijs
○ quelque chose ↺	○ iets	○ le lait ↺	○ de melk
○ si ↺	○ als	○ vas-y!	○ ga je gang!

B

Français ←→	Néerlandais	Français ←→	Néerlandais
○ raconter ↺	○ vertellen	○ l'équipe *v* ↺	○ het team
○ réussir ↺	○ slagen	○ le rêve	○ de droom
○ travailler ↺	○ werken	○ le métier ↺	○ het beroep
○ commander	○ bestellen	○ jeune	○ jong
○ devenir	○ worden	○ depuis ↺	○ sinds
○ apprendre	○ leren	○ car ↺	○ want
○ il faut ↺	○ je moet	○ donc ↺	○ dus
○ ou	○ of	○ d'abord ↺	○ ten eerste

Français →	Néerlandais	Français →	Néerlandais
○ le cuisinier	○ de kok	○ j'étais	○ ik was
○ le repas	○ de maaltijd	○ j'allais	○ ik ging
○ le conseil ↺	○ het advies	○ c'est pourquoi	○ daarom
○ la formation	○ de opleiding	○ ça veut dire	○ het betekent

E

Français ↔	Néerlandais	Français ↔	Néerlandais
O apporter	O brengen	O le couteau	O het mes
O retourner	O teruggaan	O la fourchette	O de vork
O râler	O klagen	O la cuillère	O de lepel
O ce n'est pas grave	O het is niet erg	O l'assiette *v*	O het bord
O le petit boulot	O het baantje	O la serviette	O het servet
O la carte	O de menukaart	O le ketchup	O de ketchup
O le pourboire	O de fooi	O la sauce	O de saus
O le sel	O het zout	O la moutarde	O de mosterd
O le poivre	O de peper	O le beurre	O de boter

F

Français ↔	Néerlandais	Français ↔	Néerlandais
O le bateau	O de boot	O rencontrer ↻	O ontmoeten
O le but ↻	O het doel	O rêver ↻	O dromen
O la femme ↻	O de vrouw	O rater (le bus)	O (de bus) missen
O la mer ↻	O de zee	O nager ↻	O zwemmen
O la fenêtre	O het raam	O décrire	O beschrijven
O cassé(e)	O gebroken, kapot	O surtout ↻	O vooral
O délicieux, -euse ↻	O heerlijk	O seulement ↻	O alleen (maar)
O chaud(e) ↻	O warm	O un peu (de) ↻	O een beetje

Français →	Néerlandais	Français →	Néerlandais
O la construction	O de bouw	O menacer	O bedreigen
O la pollution ↻	O de vervuiling	O attirer l'attention	O de aandacht trekken
O quelqu'un	O iemand	O tuer	O doden
O à l'âge de 10 ans	O op 10-jarige leeftijd	O protéger	O beschermen

Notes

PHRASES-CLÉS

C Aller au restaurant avec un ami

O Wat wil je *drinken*?	O Qu'est-ce que tu veux *boire*?
O Ik wil graag *een glas water.*	O Je voudrais *un verre d'eau*.
O Wat neem jij?	O Qu'est-ce que tu prends?
O Ik neem *het dagmenu.*	O Je prends *le plat du jour*.
O Wat is *het dagmenu?*	O Qu'est-ce que c'est le *plat du jour*?
O Dat is *kip met olijven.*	O C'est *le poulet aux olives*.
O Neem je ook *een toetje*?	O Tu prends aussi *un dessert*?
O Ik weet het nog niet.	O Je ne sais pas encore.
O Zullen we bestellen?	O Alors, on commande?
O Ja, ik heb honger.	O Oui, j'ai faim.

G Se débrouiller au restaurant

O Sorry, het klopt niet. Ik heb geen *vis* besteld.	O Excusez-moi, il y a une erreur. Je n'ai pas commandé de *poisson*.
O Mag ik *mayonaise*?	O Je peux avoir *de la mayonnaise*?
O Ik heb geen *mes.*	O Je n'ai pas de *couteau*.
O Heeft u nog *brood*?	O Vous avez encore *du pain*?
O Zitten er *noten* in dit gerecht?	O Il y a *des noix* dans ce plat?
O *Mijn frietjes* zijn *koud.*	O *Mes frites* sont *froides*.
O *Een karaf water*, alstublieft.	O *Une carafe d'eau*, s'il vous plait.

Notes / Vocabulaire thématique

GRAMMAIRE

EN LIGNE Regarde les vidéos sur *Grandes Lignes en ligne*.

D Het delend lidwoord

Weet je het nog? Als je in het Nederlands géén lidwoord gebruikt, komt er in het Frans wél iets: een delend lidwoord. De delende lidwoorden zijn *du, de la, de l'* en *des*.

J'achète **du** poisson, **de la** viande, **de l'**eau et **des** légumes.	Ik koop vis, vlees, water en groente.

	enkelvoud	meervoud
mannelijk	**du**	**des**
vrouwelijk	**de la**	**des**
met h of klinker	**de l'**	**des**

Na een woord van hoeveelheid gebruik je ***de*** of ***d'*** (voor een klinker of een stomme h).
Woorden van hoeveelheid zijn: *beaucoup, trop, peu, un kilo, un verre, une bouteille, une boite, un paquet* ...

Je prends un verre **d'**eau.	Ik neem een glas water.

Na de werkwoorden *aimer, adorer, préférer* en *détester* komt altijd het lidwoord *le, la, l'* of *les* als er een zelfstandig naamwoord volgt.

J'aime **le** poisson. Mais je préfère **la** viande.	Ik houd van vis. Maar ik heb liever vlees.

H Het werkwoord *venir*

Het werkwoord *venir* (komen) is onregelmatig.

Je viens de Belgique.	**Ik kom** uit België.

venir	**komen**
je **viens**	ik kom
tu **viens**	jij komt
il/elle **vient**	hij/zij komt
on **vient**	wij komen
nous venons	wij komen
vous venez	jullie komen/u komt
ils/elles **viennent**	zij komen

Om de *passé composé* van het werkwoord ***venir*** te maken, gebruik je, net als in het Nederlands, het hulpwerkwoord *zijn* (*être*) en een voltooid deelwoord (*venu*).
Weet je het nog? Als je *être* gebruikt, komt er soms een extra ***e*** en/of ***s*** achter het voltooid deelwoord. Dat hangt af van het onderwerp.

Il **est venu** en train. Elle **est venue** à trois heures.	Hij **is** met de trein **gekomen**. Zij **is** om drie uur **gekomen**.

	mannelijk	vrouwelijk
enkelvoud	Il est venu.	Elle est venu**e**.
meervoud	Ils sont venu**s**.	Elles sont venu**es**.

Tâche PARLER OU ÉCRIRE

Au choix

AU RESTAURANT!

Jouez une scène dans un restaurant.
- Vous allez jouer une scène dans un restaurant ou dans un café.
- Un élève joue le rôle du serveur/de la serveuse. Les autres élèves jouent les clients.
- Utilisez les phrases-clés des chapitres 1 à 5.
- La scène dure au moins quatre minutes.
- Tout le monde doit parler.

TIPS

- Probeer origineel te zijn. Bedenk een gekke, ongewone situatie.
- Film de scène in een echt restaurant of café.

UN RESTAURANT TOP OU NUL!

Écris un commentaire sur un restaurant.
- Choisis un restaurant sur Internet.
- Écris deux commentaires: un positif et un négatif sur le restaurant, le personnel, la nourriture, l'ambiance, le prix...
- Utilise les phrases-clés des chapitres 1 à 5.
- Écris au moins trente mots par commentaire.

TIPS

- Kijk naar voorbeelden op internet om op ideeën te komen.
- Probeer origineel te zijn. Bedenk een gekke, ongewone recensie.

Bilan

- [x] Iemand interviewen *On y va*
- [x] Vertellen over je vrienden en social media *chapitre 1*
- [x] Vertellen over je vrije tijd *chapitre 2*
- [x] Jezelf redden op reis *chapitre 3*
- [ ] **Jezelf redden in een restaurant** *chapitre 5*
- [ ] Vertellen over jezelf en je gewoontes *chapitre 6*
- [ ] Dingen omschrijven *chapitre 7*

Ça y est!

Complète la fiche d'évaluation.

FICHE D'ÉVALUATION

Inhoud	Wij hebben een scène gespeeld. Ik heb een beoordeling over een restaurant geschreven.	
Woorden	Wij hebben/Ik heb woorden gebruikt die met eten en drinken te maken hebben.	
Zinnen	Wij hebben/Ik heb de *phrases-clés* gebruikt en nieuwe zinnen gemaakt door woorden te vervangen. Wij hebben/Ik heb het werkwoord *venir* en het (delend) lidwoord correct gebruikt.	
Uitspraak	Wij hebben gelet op de uitspraak van de **s** aan het eind van een woord.	
Spelling	Ik heb de woorden correct gespeld.	

Wat is goed aan het toneelstukje/de recensie en wat kan beter?

Top:

Tip:

Klaar voor het proefwerk?
Maak de oefentoets online en volg het studieadvies.

Meer oefenen?
Hoofdstuk 8 is een herhalingshoofdstuk. Je kunt nu aan de slag met opdracht 1 tot en met 6 van hoofdstuk 8.

- [x] Jezelf redden in een restaurant

CHAPITRE 6

Parcours

INTRODUCTION 46

PARTIE 1

A Écouter 48
B Lire 52
C Phrases-clés et parler 56
D Grammaire et écrire 58

FRANCOFOLIES 62

PARTIE 2

E Regarder 64
F Lire 66
G Phrases-clés et parler 70
H Grammaire et écrire 72

ARRÊT 76

TÂCHE 80

C'est ♥ moi!

Introduction

1 a **Regarde le film et choisis.**

In welke klas zou jij nu zitten als jij op een Franse school zat?
quatrième / troisième / seconde

b **Travaillez ensemble: discutez ensemble des différences entre une école française et une école néerlandaise. Vous préférez quel système?**

2 **Travaillez en groupe. Lisez le détail intéressant et regardez le tableau. Puis discutez du système français au lycée. Tu voudrais choisir quelles matières?**

DÉTAIL INTÉRESSANT In de derde klas moet je een keuze maken: *le lycée général* (havo/vwo) of *le lycée professionnel* (mbo). In Frankrijk is er geen onderscheid in profielen bij *le lycée général*. Alle leerlingen hebben gemeenschappelijke vakken en daarnaast twee keuzevakken.

matières obligatoires	heures par semaine	+ 2 matières au choix (1,5 heure par semaine par matière)
français	4	arts plastiques / danse / musique
histoire-géographie	3	arts du cirque
langues 1 et 2	5,5	cinéma et audiovisuel
sciences économiques et sociales	1,5	littérature, grec et latin
mathématiques	4	géopolitique et sciences politiques
physique-chimie	3	sciences économiques et sociales
sciences de la vie et de la terre	1,5	sciences et laboratoire
sciences numériques et technologie	1,5	biologie-écologie
éducation physique et sportive	2	sciences informatiques
enseignement moral et civique	0,5	sciences de l'ingénieur

WAT KAN IK AL EN WAT GA IK LEREN?

- [x] Iemand interviewen On y va
- [x] Vertellen over je vrienden en social media chapitre 1
- [x] Vertellen over je vrije tijd chapitre 2
- [x] Jezelf redden op reis chapitre 3
- [x] Jezelf redden in een restaurant chapitre 5
- [ ] **Vertellen over jezelf en je gewoontes chapitre 6**
- [ ] Dingen omschrijven chapitre 7

3 a **Regarde l'arbre généalogique (*stamboom*). Puis complète les phrases avec le bon mot ou le bon nom. Tu peux utiliser un dictionnaire.**

1 Anne et Gianni ont un fils et une fille. Leur fille s'appelle ______________________.

2 Le grand-père de la famille est marié avec ______________________.

3 Mathis est le ______________________ d'Anne et de Pauline. Il est docteur.

4 Gianni est le beau-frère de Mathis. Il est ______________________ avec Anne. Il est d'origine italienne.

5 Ewen est un garçon. C'est le ______________________ de Pauline et Laura. C'est encore un bébé.

6 Mathis et Chloé sont les ______________________ d'Alice et de Lucas.

7 Mathis est l'______________________ de Mila. Il a les cheveux blonds.

8 Mila a deux cousins et une ______________________.

b **Fais un arbre généalogique de ta propre famille sur une feuille et écris au moins cinq phrases en français sur ta famille.**

A Écouter

Aan het eind van deze paragraaf:

BUTS A2
- kun je een gesprek in een tv-programma begrijpen.
- ken je woorden die te maken hebben met karaktereigenschappen.
- kun je vertellen over je familie.

EN LIGNE Maak je de opdrachten online? Dan krijg je extra hulp of mag je vragen overslaan, net wat bij jou past.

4 **Travaillez à deux. Vous allez écouter une émission de télé: *Le chanteur masqué*. Répondez en néerlandais.**

1 Onder welke naam ken jij dit programma? ______

2 Leg in één zin uit waar het programma over gaat. Zoek het eventueel op internet op. ______

______

3 Noem een beroemdheid die in Nederland heeft meegedaan aan het programma. ______

______

4 Welke kostuum droeg hij/zij? ______

5 Hebben jullie naar het programma gekeken? Wat vonden jullie ervan? ______

______

5 **a** **Écoute et lis le texte *Le chanteur masqué*. Réponds aux questions en néerlandais.**

1 Hoeveel kandidaten doen er mee? ______

2 Welke kandidaat gaat beginnen met zingen? ______

3 Kom je veel te weten over de identiteit van de kandidaat? Leg je antwoord uit.

______

b **Écoute la suite du dialogue et coche les sujets que tu entends.**

1 ○ la danse
2 ○ la famille
3 ○ les films
4 ○ les langues
5 ○ les passetemps
6 ○ le sport

c **Écoute de nouveau la suite du dialogue et choisis la bonne réponse.**

1 Wat is waar?
A ○ De jury denkt dat de Panda een man is.
B ○ De jury vindt dat de Panda goed zingt.
C ○ De jury vindt dat de Panda weinig talent heeft.

2 Wat heeft verraden dat de Panda ouder dan 40 is?
A ○ De manier van dansen.
B ○ De manier van lopen.
C ○ De manier van praten.

3 Waarover hebben de twee juryleden ruzie?
A ○ Over de gestelde vraag.
B ○ Over de nationaliteit van de Panda.
C ○ Over het beroep van de Panda.

4 Met wie vergelijkt de Panda de twee juryleden?
A ○ Met haar collega's.
B ○ Met haar familie.
C ○ Met haar vrienden.

LE CHANTEUR MASQUÉ

- *Présentateur:* Bonsoir à tous et bienvenue à Mask Singer, l'émission la plus dingue du moment. Qui est sous ce costume? Un chanteur, un acteur, un sportif? Ce soir, nous allons commencer avec un duel entre le Panda et le Cupcake. Puis le jury et le public pourront voter.
- *Présentateur*: Bienvenue à notre première célébrité: le panda.
- *Jury 1*: Oh, il est trop mignon! Regardez, ses petits pieds! He, il est plus petit que le présentateur. Pour moi, c'est une femme.
- *Présentateur*: Bonsoir. Tu peux te présenter?
- *Panda*: Oui, je m'appelle Panda.
- *Présentateur*: Et tu viens d'où?
- *Panda*: Je viens de Chine bien sûr.
- *Présentateur*: Ah oui, bien sûr. Alors qu'est-ce que tu vas chanter?
- *Panda*: *Let it go* de La Reine des Neiges, j'adore cette chanson.
- *Présentateur*: La version anglaise donc? Très bien, on t'écoute, bonne chance!

dingue	gek
voter	stemmen
mignon	schattig

d Réponds à la question en néerlandais.

Het jurylid zegt uiteindelijk: «*Je pense que tu es très courageuse de venir ici.*» Waarom vindt hij dat? ______________________________

____

6

a Complète les phrases. Les mots sont dans le dialogue. Choisis entre:

émission | voix | ce soir | célébrités | sûr

1 Il y a une nouvelle ______________ à la télé. Elle s'appelle Mask Singer.

2 Elle commence ______________ à 21h00.

3 Je suis ______________ que ça va être un succès.

4 Beaucoup de ______________ viennent chanter.

5 Elles ne chantent pas toujours très bien. Elles n'ont pas toutes une belle ______________.

b Combine.

1 un adulte
2 énervant
3 sous
4 plus petit que
5 le pied
6 le même

A sur
B la main
C différent
D un enfant
E plus grand que
F sympathique

1	2	3	4	5	6

c Traduis.

1 Mon nouveau prof de chant chante (*zoals*) ______________ Ed Sheeran.

2 Il parle (*vloeiend*) ______________ anglais car sa mère est d'origine anglaise.

3 Il (*is gewend*) ______________ de chanter en anglais.

4 Il m'aide avec mon accent pour me donner (*vertrouwen*) ______________ quand je chante.

5 Un jour, je chanterai (*misschien*) ______________ avec un bon accent anglais.

7 **a** **Écoute l'interview avec deux acteurs. Quelle image correspond le mieux (*komt het best overeen)* à l'interview? Puis explique pourquoi en néerlandais.**

1

2

3

Plaatje ________ past het best bij het interview, omdat ______________________________

____

b **Lis les questions, puis écoute de nouveau l'interview et choisis.**

1 Wat zegt Noé over zijn afkomst?
A ○ Je viens de Bruxelles, en Belgique.
B ○ Je viens de Genève, en Suisse.

2 Wat zegt Guillaume over zijn relatie met zijn broer in de serie?
A ○ On se dispute tout le temps.
B ○ Je ressemble beaucoup à mon frère.

3 Wat zegt Noé over zijn broer in het echte leven?
A ○ Je m'entends bien avec lui.
B ○ Je suis moins sportif que lui.

c **Traduis. Utilise les phrases de l'exercice 7b comme modèle.**

1 Ik kom uit Parijs, in Frankrijk.

____

2 Ik lijk op mijn zus.

____

3 Wij hebben de hele tijd ruzie.

____

4 Ik kan goed opschieten met mijn broer.

____

EN LIGNE Apprends A à la page 76. Utilise aussi «Slim stampen».

B Lire

Aan het eind van deze paragraaf:

BUT A2 – kun je twee teksten/verhalen van succesvolle bekende mensen begrijpen.

EN LIGNE Maak je de opdrachten online? Dan krijg je extra hulp of mag je vragen overslaan, net wat bij jou past.

8 **L'article à la page suivante parle du footballeur Antoine Griezmann. Le football est le sport numéro un en France. Travaillez en groupe. Testez vos connaissances et répondez aux questions en français.**

1 Nomme trois footballeurs français. ______________________________

____

2 Nomme trois clubs de football français. ______________________________

____

3 La France a gagné combien de fois la Coupe du monde? ______________________________

4 Comment s'appelle le grand stade à Paris? ______________________________

5 Écris cinq mots sur le thème du football en français. ______________________________

____

9 a **Lis le titre et l'introduction du texte *Ils étaient mal partis et pourtant* ... Regarde aussi les photos et lis la première et la dernière phrase de chaque texte. Puis choisis la bonne réponse.**

De quoi parle l'article?

1 ○ De deux hommes qui ont beaucoup travaillé pour avoir du succès.
2 ○ De deux hommes qui ont une belle carrière grâce à leurs études.
3 ○ De deux hommes qui sont très sportifs.

b **Lis le texte sur Antoine Griezmann et choisis la bonne réponse.**

1 Qu'est-ce qui est vrai selon le texte?
A ○ Antoine a eu son bac malgré (*ondanks*) ses entrainements intensifs.
B ○ Antoine doit déménager (*verhuizen*) à cause de sa passion.
C ○ À 13 ans, Antoine ne joue pas en France car il est trop jeune.

2 Laquelle (*welke*) de ces affirmations (*beweringen*) est vraie?
– Antoine est d'origine espagnole.
– Antoine gagne beaucoup d'argent aujourd'hui.
A ○ la première
B ○ la deuxième
C ○ les deux
D ○ aucune (*geen enkele*)

ILS ÉTAIENT MAL PARTIS ET POURTANT...

Champion du monde ou acteur à succès, ils n'étaient pas dans les premiers de la classe, mais ils ont une belle carrière. Il faut donc toujours croire en son rêve!

ANTOINE GRIEZMANN: «TROP PETIT»

Grizou a fait beaucoup de chemin avant d'avoir sa Coupe du monde de football en 2018. Quand il était jeune, plusieurs clubs français l'ont refusé. Toujours les mêmes critiques: trop petit (1m75), trop mince... Mais Antoine n'abandonne pas son rêve et l'Espagne lui donne sa chance. À 13 ans, il quitte sa ville, Macôn, pour aller habiter à 900 kilomètres de chez lui. Il va au collège de Bayonne (dans le sud-ouest de la France). Chaque jour, après l'école il fait 70 kilomètres pour aller à Zubieta, le centre d'entrainement de la Real Sociedad. Côté études, il arrête avant le bac à cause d'un planning chargé, entre les entrainements et les matchs du weekend. Il commence sa carrière de pro à Atletico Madrid et depuis 2019, il joue pour FC Barcelona. Le club l'a acheté pour seulement ... 120 millions!!! Le petit footballeur est devenu grand!

OMAR SY: DE TRAPPES À HOLLYWOOD

L'acteur a été élu la célébrité préférée des Français. Tout le monde l'adore. Il grandit dans un HLM de Trappes, dans la banlieue de Paris, avec ses sept frères et sœurs. Ses parents travaillaient beaucoup et n'avaient pas beaucoup d'argent. Omar arrête ses études car il a un rêve: devenir comédien. À 17 ans, il travaille à la radio. Il rencontre un autre comédien Fred Testot. Ensemble, ils forment un duo comique «Omar et Fred». Et le succès commence. Ils font rire des millions de Français tous les jours avec leur émission à la télé. Puis, il joue dans plusieurs comédies françaises. En 2011, son film *Intouchables* a un succès international. En 2012, il gagne un prix: le César du meilleur acteur. Aujourd'hui, il habite entre Los Angeles et Paris. Il a joué dans de nombreux films américains comme X-Men, Jurrasic World, Transformers ... Omar n'a aucun diplôme, mais il avait un rêve. Ce *selfmade man* nous montre qu'avec du travail on peut réussir et même finir à Hollywood.

mince	*dun*
le bac	*het eindexamen*
HLM	*sociale huurwoning*
la banlieue	*de buitenwijk*
aucun	*geen enkele*

c Lis le texte sur Omar Sy et choisis: vrai ou faux.

		vrai	faux
1	Omar Sy is opgegroeid in een welgesteld gezin.	○	○
2	Omar Sy vond school erg belangrijk.	○	○
3	Omar Sy werd bekend dankzij een tv-programma.	○	○
4	Omar Sy heeft nu een internationale carrière.	○	○

★ **d Lis de nouveau le texte et réponds à la question en néerlandais.**

Wat hebben Antoine Griezmann en Omar Sy met elkaar gemeen wat betreft hun schoolcarrière? ______________________________

10

a Écris le bon mot sous l'image. Choisis entre:

la banlieue | rire | le monde | refuser | montrer | ensemble

1 ____________________

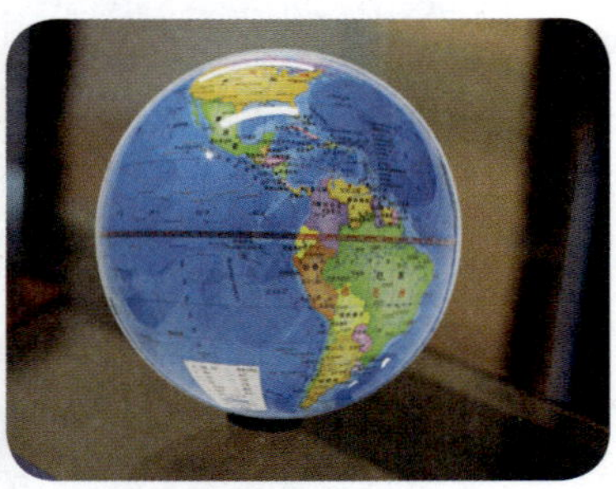

2 ____________________

3 ____________________

4 ____________________

5 ____________________

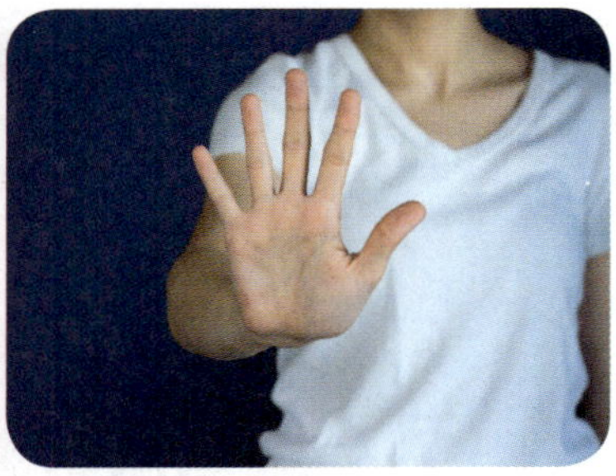

6 ____________________

b Choisis le bon mot et traduis-le. Les mots sont dans le texte.

1	J'ai besoin d'un ____________________.	studie / wereld / werk
2	Je suis sérieux. ____________________ je ne trouve pas de job.	meerdere / samen / toch
3	Je pense que c'est ____________________ de mon âge.	samen / toen / vanwege
4	À ____________________ fois, on me dit que je suis trop jeune.	elke / tussen / vóór

c Cherche la traduction des mots dans les mots cachés et complète le tableau. Les mots sont dans le texte.

mot	traduction
	eindexamen
	vóór (tijd)
	elke
	hij was
	verlaten
	stoppen
	weigeren
	tussen
	wereld
	toen

j	i	l	é	t	a	i	t	c
a	r	r	ê	t	e	r	e	h
v	i	m	o	n	d	e	e	a
n	s	d	q	u	a	n	d	q
q	u	i	t	t	e	r	e	u
b	r	e	f	u	s	e	r	e
a	f	r	a	a	v	a	n	t
c	n	e	n	t	r	e	c	e

Welke zin vormen de overgebleven letters? ______________________________

11 a Lis le détail intéressant et complète la phrase. Utilise Internet. VARIATION

DÉTAIL INTÉRESSANT Twee keer per jaar kiezen Fransen hun favoriete beroemdheid: *La personnalité préférée des Français*. Omar Sy heeft deze verkiezing al drie keer gewonnen en de voetballer Zinédine Zidane zes keer. Het gaat om de meest sympathieke beroemdheid van het moment.

Cette année, les personnalités préférées des Français sont: ______________________________

____

b Et aux Pays-Bas? Qui est ta personnalité néerlandaise préférée?

Ma personnalité néerlandaise préférée est: ______________________________

c Travaillez ensemble. Votez pour choisir la personnalité néerlandaise préférée de la classe.

La personnalité néerlandaise préférée de la classe est: ______________________________

EN LIGNE Apprends B à la page 76 et révise A. Utilise aussi «Slim stampen».

C Phrases-clés et parler

Aan het eind van deze paragraaf:

BUTS A2 – kun je jezelf voorstellen.
– weet je hoe je mannelijke en vrouwelijke bijvoeglijke naamwoorden uitspreekt.

12 a **Lis le tuyau. Puis écoute et répète.**

TUYAU La prononciation des adjectifs

J'ai un **petit** frère et une **petite** sœur.

Als een bijvoeglijk naamwoord op een *d, t* of *s* eindigt, hoor je die meestal niet. Maar komt er een *-e* achter bij de vrouwelijke vorm, dan hoor je de *d, t* en *s* wel. De *s* klinkt dan als een *z*.

petit / peti**te** grand / gran**de** néerlandais / néerlandai**se**

b **Écoute, lis et répète les phrases-clés. Puis joue le dialogue avec ton voisin. Fais attention à la prononciation des adjectifs.**

PHRASES-CLÉS Se présenter

1 Tu peux te présenter?	Je m'appelle *Leila* et j'ai *16* ans. Je viens *d'Amsterdam, aux Pays-Bas*. Je suis d'origine *marocaine*. J'ai *une petite sœur et un demi-frère*. Je ressemble à *ma sœur*, mais *elle* est *moins sérieuse* que moi. Je m'entends bien avec *ma petite soeur*. Avec *mon demi-frère*, on se dispute tout le temps.

c **Remplace *sérieux* et *marocaine* par d'autres mots. Puis jouez de nouveau le dialogue des phrases-clés. Utilisez vos mots du vocabulaire thématique.**

VOCABULAIRE THÉMATIQUE

sérieux	sportif, paresseux, timide, ...
mes mots	
marocaine	turque, surinamienne, indonésienne, ...
mes mots	

13

Travaillez à deux. Regardez l'image puis dites une phrase à tour de rôle. Vous pouvez aussi inventer des choses. Utilisez les phrases-clés des chapitres 1 à 6.

ATTENTION Weet je nog welk voorzetsel je gebruikt voor een landennaam? Lees de voorbeeldzin en overleg met je klasgenoot. Tip: kijk naar de laatste letter van de landennaam.

Exemple: *Il habite en France / en Angleterre / au Portugal / au Maroc / aux Pays-Bas.*

14

a **Tu vas te présenter. Complète d'abord le tableau pour te préparer avec quatre thèmes et des mots-clés en français.**

Je vais parler de:	Mots-clés:

b **Travaillez à deux: présentez-vous en une minute. Utilisez l'exercice 14a. Vertel zo veel mogelijk over jezelf in één minuut. Je moet de hele minuut volpraten. Gebruik een stopwatch. Wissel daarna van rol.**

Tip: Je zou ook jezelf op je mobiel kunnen opnemen. Daarna kunnen jullie het samen afluisteren, feedback op elkaar geven en het verbeteren.

EN LIGNE Apprends C à la page 78. Utilise aussi «Slim stampen».

D Grammaire et écrire

Aan het eind van deze paragraaf:

BUTS A2 – kun je je vrienden beschrijven.
– kun je vergelijkingen maken.

EN LIGNE Maak je de opdrachten online? Dan krijg je extra hulp of mag je vragen overslaan, net wat bij jou past.

15 a **Travaillez à deux. Regardez l'image et lisez les phrases. Écrivez le bon nom sous l'image. Puis discutez: quelle est la règle de grammaire?**
Choisissez entre: Charlie, Alix et Noa.

ATTENTION En France, Charlie, Alix et Noa sont des prénoms de garçons et de filles.

1.

2.

3.

1 Noa est plus sérieux qu'Alix.
2 Charlie et Noa sont moins vieux qu'Alix.
3 Charlie est plus heureuse que Noa.
4 Alix est plus sportif que Charlie.
5 Charlie est plus petite qu'Alix.
6 Noa est ausssi grand que Charlie.

b Lis la Grammaire.

GRAMMAIRE De vergelijkingen

Als je personen, dieren, zaken ... met elkaar wilt vergelijken, gebruik je: plus (*meer*) / moins (*minder*) / aussi (*even*) gevolgd door het bijvoeglijk naamwoord en *que*.

plus moins aussi	+ bijvoeglijk naamwoord (in de juiste vorm)	+ que

Thomas est **plus sportif que** Léo. Léo est **moins sportif que** Thomas.	Thomas is **sportiever dan** Léo. Léo is **minder sportief dan** Thomas.

Pas de vorm van het bijvoeglijk naamwoord aan het onderwerp aan.

Paul est **plus grand que** Pauline. Pauline est **moins grande que** Paul.	Paul is **groter dan** Pauline. Pauline is **minder groot dan** Paul.

Pas op: als het woord achter *que* met een klinker of stomme h begint, verandert *que* in *qu'*.

Julie est **plus grande qu'**Emma.	Julie is **groter dan** Emma.

Er is een uitzondering: *beter dan* vertaal je met *meilleur que*. Er komt dus geen *plus* vóór *meilleur*. Let ook hier wel op de vorm van *meilleur(e)(s)*.

Mbappé est **meilleur que** Neymar. L'actrice est **meilleure que** l'acteur	Mbappé is **beter dan** Neymar. De actrice is **beter dan** de acteur.

EN LIGNE Regarde la vidéo sur *Grandes Lignes en ligne*.

c Complète les phrases avec *plus* ou *moins*. Fais des phrases logiques.

1 La France est ______________________ grande que les Pays-Bas.
2 Le prince anglais William est ______________________ jeune que le roi Willem Alexander.
3 La princesse Amalia est ______________________ vieille qu'Alexia et Ariane.
4 Donald Duck est ______________________ courageux que Superman.
5 Homer Simpson est ______________________ intelligent qu'Astérix.
6 Un portable est ______________________ grand qu'un ordinateur.
7 Une mandarine est ______________________ petite qu'une orange.
8 Un château est ______________________ luxueux qu'une maison.

d Mets les mots dans le bon ordre.

ATTENTION Je kunt het onderwerp vinden door naar de vorm van het bijvoeglijk naamwoord te kijken.

1 plus – petite - Chloé – Antoine – est – qu'

____

2 sportif – est – il – moins – sa sœur – que

____

3 Laura – meilleure – est – Lucas – que

____

4 aussi – intelligente – moi – est – elle – que

____

16 a **Complète les phrases. Fais des phrases logiques. Puis écris encore deux phrases pour comparer des animaux. Il y a plusieurs réponses possibles. Choisis entre:**

plus gros que | plus agressifs que | plus gentils que | moins rapides que | aussi mignons que

1 Les chiens sont _______________ les chats.
2 Les crocodiles sont _______________ les girafes.
3 Les tortues sont _______________ les léopards.
4 Les dauphins sont _______________ les requins (*haaien*).
5 Les éléphants sont _______________ les souris (*muizen*).
6 _______________
7 _______________

b **Écris des phrases comme dans l'exemple. Fais des comparaisons. Fais attention à l'adjectif (*het bijvoeglijk naamwoord*).**

1 (+ grand) Philippe est plus grand que _______________ son frère.
2 (– intéressant) La série est _______________ le livre.
3 (= heureux) Ma copine est _______________ moi.
4 (+ méchant) Mon chien est _______________ le chien des voisins.
5 (– courageux) Mes copines sont _______________ Élodie.
6 (= sportif) Victor et Manon sont _______________ leur père.

c **Regarde de nouveau l'image de l'exercice 15a. Écris trois nouvelles phrases pour comparer Noa, Charlie et Alix.**

1 _______________
2 _______________
3 _______________

17 a **Écris sur une feuille trois phrases. Utilise une comparaison dans chaque phrase. Tu peux par exemple comparer des célébrités, des sportifs, des membres de ta famille, des séries, des objets... Puis donne ta feuille à ton prof.**

VARIATION

Exemple: Messi est meilleur que Ronaldo.

b **Travaillez ensemble: jeu *D'accord ou pas d'accord*. Votre prof lit les phrases de l'exercice 17a et la classe dit «*d'accord*» ou «*pas d'accord*». Puis un élève explique pourquoi en français.**

VARIATION

18 **a** **Regarde l'image et lis les informations sur Emma. Remplis les informations sur les deux autres personnes.**

b **Complète le message à ton copain français Arthur. Parle de tes trois meilleurs amis de l'exercice 18a en au moins six phrases. Utilise des comparaisons dans trois phrases.**

Salut Arthur,

Voilà une photo de mes trois meilleurs amis. ______________________________

____

____

____

____

____

____

____

À plus,

____

EN LIGNE Apprends D à la page 79. Utilise aussi «Slim stampen» et la *Boite à Gram*.

Francofolies

CHERCHEZ DES FAITS

AU CHOIX

15 MIN

CHERCHEZ UNE AUTRE HISTOIRE SUR NAPOLÉON. ÉCRIVEZ CHAQUE PETITE HISTOIRE SUR UN POST-IT EN NÉERLANDAIS. PUIS, COLLEZ LE POST-IT AU TABLEAU. PUIS VOUS POUVEZ UTILISER LES HISTOIRES POUR FAIRE UN JEU DE RÔLE OU UNE PIÈCE DE THÉÂTRE.

FAITES UN POSTER

AU CHOIX

15 MIN

À PARIS, NAPOLÉON A LAISSÉ BEAUCOUP DE TRACES, COMME L'ARC DE TRIOMPHE. FAITES UN POSTER «LE PARIS DE NAPOLÉON» AVEC DES PHOTOS.

FAITES UN JEU DE MÉMORY

- 10 MIN -

CHERCHEZ DES ŒUVRES D'ART DU MUSÉE DU LOUVRE. CHAQUE ÉLÈVE CHOISIT DEUX ŒUVRES ET FAIT DEUX CARTES: UNE CARTE AVEC LA PHOTO ET UNE CARTE AVEC LE NOM DE L'ŒUVRE ET DE L'ARTISTE. PUIS JOUEZ AU MÉMORY.

Planète Culture

Le musée du Louvre

Le Louvre a été pendant des siècles le château de la famille royale. Beaucoup de rois de France ont habité au Louvre. Et ils ont collectionné beaucoup d'œuvres d'art. Après la Révolution Française, Napoléon décide de montrer ces œuvres d'art au public. Il crée donc un musée, *le Musée Napoléon*, appelé plus tard: *le Musée du Louvre*. Fais une visite virtuelle sur *https://petitegalerie.louvre.fr/visite-virtuelle* et admire!

Le Mont-Saint-Michel

Le Mont-Saint-Michel se trouve en Normandie. D'abord, on a construit une église en 708. Puis on a construit un village. Pendant la Révolution, on l'utilise comme prison. Aujourd'hui, plus de 2,5 millions de touristes visitent le Mont-Saint-Michel par an.

FAITES UN QUIZ

- 20 MIN -

CHAQUE GROUPE CHERCHE AU MOINS QUATRE INFORMATIONS SUR LE MONT-SAINT-MICHEL. ÉCRIVEZ UNE QUESTION ET TROIS RÉPONSES POSSIBLES EN NÉERLANDAIS. PUIS FAITES LE QUIZ AVEC LA CLASSE.

E Regarder

Aan het eind van deze paragraaf:

BUTS A2
- kun je de belangrijkste informatie uit een film begrijpen.
- ken je woorden die te maken hebben met de dagindeling.
- kun je over de dagindeling vertellen.

EN LIGNE Bij de film maak je opdrachten op het niveau dat bij je past: in de A-, de B- of de C-route.

19 **Regarde le film et choisis un exercice à la page 153.** AU CHOIX

- Op pagina 153 vind je een carrousel met keuzeopdrachten.
- Gebruik een dobbelsteen om te bepalen welke opdracht je gaat maken of kies zelf.

EN LIGNE Regarde le film sur *Grandes Lignes en ligne* et choisis un exercice.

20 **a** **Écoute le dialogue entre Liam et sa mère et choisis. Quel texte correspond (*komt overheen*) le mieux à Liam?**

Dans la semaine, je me lève tôt. Je prends ma douche, je prends mon petit déjeuner. Puis je prends le bus pour aller à l'école. Et le weekend, je fais du sport et je fais mes devoirs.	Dans la semaine, je me lève à sept heures, je me prépare et je mange une barre de céréales. Puis je pars à l'école à huit heures et quart. Je déteste faire la grasse matinée.	Dans la semaine, je me lève à huit heures, je me prépare et je pars à l'école à huit heures et quart. Et le weekend, je fais toujours la grasse matinée. J'adore dormir.
O 1	O 2	O 3

b **Travaillez à deux: jeu de rôle. Si tu as oublié comment dire l'heure, regarde à la page 165.**

A
– Tu te lèves à quelle heure?
– À quelle heure tu pars à l'ecole?

B
– Je me lève à (*noem een tijd*).
– Je pars à (*noem een tijd*).

21 **Complète les phrases. Il y a trois mots en trop. Les mots sont dans le Vocabulaire E. Choisis entre:**

(je suis fatigué) (je me lève) (je me couche) (je prends le bus) (je rentre) (je pars) (j'arrive en retard) (je m'habille)

1 Normalement, ______________________________ à sept heures le matin, à part le weekend. Le samedi, je fais la grasse matinée.

2 Puis, je prends une douche et ______________________________. Je porte souvent la même chose: un jean, un T-shirt et des baskets.

3 Après, je prends mon petit déjeuner. Puis, ______________________________ pour aller au collège.

4 Si je rate mon bus, ______________________________. Je n'aime pas ça, je fais tout pour être à l'heure.

5 Le soir, je ne vais jamais au lit très tôt. ______________________________ vers 23 heures.

EN LIGNE Apprends E à la page 77. Utilise aussi «Slim stampen».

F Lire

Aan het eind van deze paragraaf:

BUT A2 – kun je informatie vinden in korte teksten.

EN LIGNE Maak je de opdrachten online? Dan krijg je extra hulp of mag je vragen overslaan, net wat bij jou past.

22

Lis les quatre textes globalement. Dans quel pays a lieu (*vindt plaats*) l'histoire? Écris le pays en français.

1 Un concours qui décoiffe: ______________________

2 Les 24h du Mans: ______________________

3 Pluie d'or: ______________________

4 Pas de contrôles: ______________________

23

a **Lis le texte *Un concours qui décoiffe* et choisis le bon mot.**

Choisis le mot qui manque.
A ○ La glace
B ○ Le but
C ○ Le temps

b **Lis le texte *Les 24h du Mans* et réponds à la question.**

In welke zin staan de regels van de race uitgelegd? Citeer de eerste twee woorden uit de zin.

____

c **Lis le texte *Pluie d'or* et choisis la bonne réponse.**

Wat is er gebeurd?
A ○ Een vliegtuig dat goud vervoerde is gecrasht.
B ○ Er is goud gestolen op een vliegveld.
C ○ Er is goud uit een vliegtuig gevallen.
D ○ Iemand is gewond geraakt doordat er goud op zijn hoofd viel.

d **Lis le texte *Pas de contrôles* et choisis la bonne réponse.**

Qu'est-ce qui est vrai selon le texte?
A ○ En Finlande, les élèves ont de mauvaises notes.
B ○ Les élèves finlandais n'ont pas de notes avant le collège.
C ○ Les systèmes français et finlandais sont les mêmes.

LE COIN PRESSE

UN CONCOURS QUI DÉCOIFFE

Chaque année, en février, à Takhini quand il fait au moins -20 °C, les Canadiens peuvent participer au concours de cheveux congelés. C'est simple: il faut mettre sa tête sous l'eau dans une source d'eau chaude (36 à 42 °C) en plein air. Puis il faut sortir la tête de l'eau et prendre une photo les cheveux congelés. Et cela ne dure que quelques minutes. ______: avoir la tête la plus originale possible. Le cadeau: un peu d'argent (150 dollars) et le droit de revenir!

LES 24H DU MANS

Cette course automobile française existe depuis 1923. Elle est l'une des plus prestigieuses courses avec le Grand Prix de Monaco et l'Indy 500. Il faut faire le plus de tours possible sur un circuit de 13,6 km en 24 heures dans une équipe composée de trois pilotes. En 1923, la marque Chenard & Walcker gagne en parcourant 2209 km à 92 km/h de moyenne. En 2018, c'est Toyota qui gagne en parcourant plus de 5000 km avec une vitesse moyenne de 248 km/h.

PLUIE D'OR

L'or tombe du ciel en Russie! Drôle de surprise à l'aéroport de Yakoutsk en Sibérie. Au moment de son décollage, un avion a eu des problèmes avec une porte et a perdu sa cargaison. Plus de trois tonnes d'or sont tombées sur la piste et dans les environs. Heureusement, tout s'est bien fini. La police a retrouvé les 172 lingots d'or, avec une valeur de 122 millions de dollars et il n'y a eu aucun blessé.

PAS DE CONTRÔLES

En Finlande, les enfants commencent l'école à 7 ans. Et contrairement à la France, pendant six ans, il n'y a pas de contrôles à l'école! Bien sûr, les profs posent des questions, mais il n'y a pas de notes. Un élève sur trois reçoit une aide spécialisée. En plus, ils ont droit à 75 minutes de récré par jour. Quelle chance! Et le plus beau: si on compare la réussite des élèves des différents pays, ce sont les Finlandais qui finissent premiers.

qui décoiffe	die verrast
congelés	bevroren
la source	de bron
le décollage	het opstijgen
la cargaison	de lading
la réussite	het succes

e Lis de nouveau le texte *Un concours qui décoiffe* et invente un exercice. Bedenk zelf drie beweringen in het Nederlands over de tekst waarop je antwoord kunt geven met *vrai* of *faux*.

		vrai	faux
1	______	○	○
2	______	○	○
3	______	○	○

24 Choisis un texte et cherche une autre photo ou un dessin sur Internet sur le même thème.

AU CHOIX

25 a Lis la description et écris le bon mot en français. Les mots sont soulignés dans les textes.

1 Elle se mesure en km/h. ______

2 Elle peut être ouverte ou fermée. ______

3 On les utilise pour évaluer ton travail à l'école. ______

4 C'est un synonyme de *plusieurs*. ______

5 C'est un synonyme de *quartier*. ______

b Choisis deux mots des textes et écris une description en français comme dans l'exercice 25a.

VARIATION

1 ______

2 ______

c Traduis les mots en français et fais les mots croisés. Les mots sont dans le texte ou dans le Vocabulaire F.

1 terugkomen
2 eindigen
3 vallen
4 regen
5 stellen
6 bovendien
7 verliezen

Quel est le mot dans la colonne grise? ______

Qu'est-ce que ça veut dire? ______

d Travaillez à deux: jeu *Devine le mot*. Choisis un mot du Vocabulaire A à F. Ton voisin doit deviner le mot.

VARIATION

Je mag het woord op verschillende manieren laten raden.

- liplezen
- uitbeelden
- tekenen
- hussel de letters door elkaar
- geef alleen de eerste en/of de laatste letter
- laat de klinkers weg
- geef een omschrijving
- geef een tegenstelling of een synoniem
- ...

EN LIGNE Apprends F à la page 77 et révise E. Utilise aussi «Slim stampen».

G Phrases-clés et parler

Aan het eind van deze paragraaf:

BUT A2 – kun je vertellen over je gewoontes.

26 a **Écoute les phrases et choisis la bonne heure.**

1 7h45 / 8h15

2 8h30 / 8h45

3 12h00 / 13h00

4 16h45 / 17h15

b **Écoute, lis et répète les phrases-clés. Puis joue le dialogue avec ton voisin.**

PHRASES-CLÉS Parler de ses habitudes

1 Tu te lèves à quelle heure?	Je me lève à *sept heures*.
2 À quelle heure, tu pars *à l'école*?	Je pars à *huit heures*.
3 Qu'est-ce que tu fais *après l'école*?	Je vais *à la salle de sport*.
4 Et *le weekend*?	J'aime *sortir*.
5 Avec qui?	Avec *mon meilleur copain*.

c **Remplace *à l'école* et *sortir* par d'autres mots. Puis jouez de nouveau le dialogue des phrases-clés. Utilisez vos mots du vocabulaire thématique.**

VOCABULAIRE THÉMATIQUE

à l'école	au club de sport, à ton boulot, à l'entrainement, ...
mes mots	
sortir	faire du sport, regarder la télé, me relaxer, ...
mes mots	

27 **a** **Regarde les images et mets les activités dans le bon ordre: du matin au soir. Puis écris une heure logique dans l'horloge.**

numéro ___________

numéro ___________

numéro ___________

numéro ___________

numéro ___________

numéro ___________

b **Travaillez à deux. Imaginez: vous êtes le garçon des dessins et racontez votre journée. Dites une phrase à tour de rôle. Puis ajoutez (voeg toe) une autre activité. Utilisez les phrases-clés et le Vocabulaire E.**

28 **a** **Imagine: tu es une célébrité (chanteur, acteur, YouTubeur, DJ, sportif...). Écris deux activités en français dans chaque colonne.**

le matin	l'après-midi	le soir
___________	___________	___________
___________	___________	___________

b **Travaillez à deux. Tu es la célébrité de l'exercice 28a, décris ta journée en au moins six phrases. Ton voisin devine qui tu es. Ton voisin peut aussi te poser des questions.**

EN LIGNE Apprends G à la page 78. Utilise aussi «Slim stampen».

H Grammaire et écrire

Aan het eind van deze paragraaf:

BUTS A2 – kun je je dag beschrijven.
– ken je de woordvolgorde in een Franse zin.

EN LIGNE Maak je de opdrachten online? Dan krijg je extra hulp of mag je vragen overslaan, net wat bij jou past.

29 a **Souligne tous les verbes dans le texte suivant. Puis travaillez à deux. Wat valt jullie op aan de plaats van de werkwoorden in de zin?**

Je vais souvent aux États-Unis parce que j'ai habité deux ans à New York. Donc, j'ai toujours beaucoup d'amis là-bas. Quand je suis à New York, j'aime aller à Central Park. J'adore revenir dans cette grande ville. Mais dans quelques mois, je vais encore déménager à cause du travail de ma mère. Je vais aller vivre à Boston. Je suis content car ce n'est pas loin de New York.

b **Lis la Grammaire.**

GRAMMAIRE De woordvolgorde: werkwoorden

De woordvolgorde in een Franse zin is:
onderwerp + persoonsvorm + ander werkwoord + rest van de zin

De werkwoorden staan dus altijd bij elkaar.

Je **vais acheter** un T-shirt.	Ik **ga** een T-shirt **kopen**.
J'**ai acheté** un T-shirt.	Ik **heb** een T-shirt **gekocht**.

In een ontkennende zin komt *ne/n'* voor de persoonsvorm (*het eerste werkwoord*) en *pas / jamais / plus* ... erachter.

Je **ne** vais **pas** en France.	Ik ga **niet** naar Frankrijk.
Il **n'**est **jamais** allé en France.	Hij is **nooit** naar Frankrijk gegaan.
Il **ne** va **plus** voyager.	Hij gaat **niet meer** reizen.

Let op: de volgende woorden staan altijd direct na de persoonsvorm: *souvent* (vaak), *toujours* (altijd), *encore* (nog), *bien* (goed), *mal* (slecht), *beaucoup* (veel) en *déjà* (al).

J'aide **toujours** mes amis.	Ik help **altijd** mijn vrienden.
Je suis **souvent** allé en France.	Ik ben **vaak** naar Frankrijk gegaan.
Il va **bien** jouer.	Hij gaat **goed** spelen.

EN LIGNE Regarde la vidéo sur *Grandes Lignes en ligne*.

c **Choisis la bonne traduction.**

1 Ik ga nooit naar de bioscoop.
A ○ Je jamais ne vais au cinéma.
B ○ Je ne vais jamais au cinéma.
C ○ Je vais ne jamais au cinéma.

2 Ik heb veel gezongen.
A ○ J'ai beaucoup chanté.
B ○ J'ai chanté beaucoup.
C ○ Je beaucoup ai chanté.

3 Zij gaan vaak winkelen.
A ○ Ils vont souvent faire les magasins.
B ○ Ils souvent vont faire les magasins.
C ○ Souvent ils vont faire les magasins.

4 Jij vindt het leuk om series te kijken.
A ○ Tu aimes des séries regarder.
B ○ Tu aimes regarder des séries.
C ○ Regarder des séries tu aimes.

d Mets les mots dans le bon ordre.

1 va – mon père – son travail – quitter

____

2 une dispute – a – son ami – l'adulte – eu – avec

____

3 ai – j' – croire – refusé de – mes parents

____

4 ils – déjà – en Russie – allés – sont

____

5 n' – Hugo – ses devoirs – a – fait – pas

____

30 a Onderstreep de bepaling van tijd (*wanneer?*) en van plaats (*waar?*) in de volgende zinnen. Wat valt je op? Overleg met een klasgenoot.

1 La semaine dernière, j'ai fait les magasins avec mes amis à Paris.
2 À Paris, il y a beaucoup de magasins.
3 D'abord, on a été dans un centre commercial.
4 Puis, on a mangé une pizza à la pizzéria.

b Lis la Grammaire.

GRAMMAIRE De woordvolgorde: de bepaling van tijd/plaats

De bepaling van tijd en van plaats staat vooraan of achteraan in de zin. Het maakt niet uit of de bepaling vooraan of achteraan staat. De woordvolgorde ziet er dan als volgt uit:
tijd/plaats + onderwerp + alle werkwoorden + lijdend/meewerkend voorwerp + tijd/plaats

Demain, je vais acheter un T-shirt.	Ik ga **morgen** een T-shirt kopen.
Je vais acheter un T-shirt **demain.**	Ik ga **morgen** een T-shirt kopen.

EN LIGNE Regarde la vidéo sur *Grandes Lignes en ligne*.

c L'ordre des mots n'est pas correct. Il y a une faute dans chaque phrase. Corrige la faute et écris la phrase correcte.

1 J'ai hier été à un match de foot.

2 Le match a à neuf heures commencé.

3 Mais a mal joué l'équipe de Marseille.

4 Je ne suis plus maintenant fan de cette équipe.

d Écris quatre phrases logiques d'au moins huit mots. Choisis le temps (*présent, passé composé, futur proche*). Utilise un mot par colonne et ajoute (*voeg toe*) d'autres mots.

hier	aller	une série	à Paris
la semaine dernière	avoir	les devoirs	en France
aujourd'hui	faire	un cadeau	aux Pays-Bas
demain	regarder	au collège	à la maison
dans cinq jours	acheter	un jean	en ville
...	...	...	...

1 Hier, j'ai acheté un jean à Paris.

2

3

4

5

e Traduis les phrases. Fais attention à l'ordre des mots.

1 Ik heb vorige week een miljoen gewonnen.

2 Ik heb veel met mijn familie gesproken.

3 Nu denk ik dat ik ga reizen.

4 Ik wil deze zomer naar New York gaan.

31 **a** **Fais des cartes sur une feuille comme dans l'exemple. Fais trois cartes par thème puis découpe (*knip*) les cartes.**

VARIATION

b **Travaillez en groupe. Faites des phrases avec les cartes de l'exercice 31a. Écrivez les phrases sur une feuille. Jullie mogen wel gekke zinnen maken, zolang de woordvolgorde correct is.**

Exemple: Hier, il a acheté un croissant dans une boulangerie.

32 **a** **Qu'est-ce que tu aimes faire ou pas? Complète avec deux activités par phrase.**

1 J'aime ____________________

2 Je n'aime pas ____________________

b **Décris deux journées: une journée idéale et une journée terrible. Utilise les activités de l'exercice 32a. Écris un texte d'au moins 30 mots.**

EN LIGNE Apprends H à la page 79. Utilise aussi «Slim stampen» et la *Boite à Gram*.

ARRÊT **Apprendre**

VOCABULAIRE

Leer de woorden in de witte blokken beide kanten op, dus Frans-Nederlands en Nederlands-Frans. De woorden in de blauwe blokken leer je alleen Frans-Nederlands.

↻ De woorden waar dit symbool achter staat, zijn herhaling uit jaar 1 en 2 of uit eerdere hoofdstukken van jaar 3.

EN LIGNE Slim stampen

A

Français ←→	**Néerlandais**	**Français** ←→	**Néerlandais**
○ l'émission *v*	○ de uitzending	○ couramment	○ vloeiend
○ la célébrité	○ de beroemdheid	○ penser ↻	○ denken
○ le pied ↻	○ de voet	○ avoir l'habitude de	○ gewend zijn om
○ la voix	○ de stem	○ je comprends	○ ik begrijp (het)
○ l'adulte *m/v* ↻	○ de volwassene	○ je sais	○ ik weet (het)
○ la dispute ↻	○ de ruzie	○ peut-être ↻	○ misschien
○ la confiance	○ het vertrouwen	○ sûr(e) ↻	○ zeker
○ le mot	○ het woord	○ énervant(e)	○ irritant
○ le/la même	○ hetzelfde, dezelfde	○ marrant(e) ↻	○ grappig
○ sous	○ onder	○ différent(e) ↻	○ verschillend
○ comme ↻	○ zoals, als	○ dingue	○ gek
○ après ↻	○ na	○ mignon, mignonne	○ schattig
○ ce soir ↻	○ vanavond	○ courageux, -euse	○ moedig
○ bonsoir	○ goedenavond	○ paresseux, -euse ↻	○ lui
○ bonne chance!	○ succes!	○ plus petit(e) que	○ kleiner dan

B

Français ←→	**Néerlandais**	**Français** ←→	**Néerlandais**
○ le bac	○ het eindexamen	○ il était	○ hij was
○ le monde ↻	○ de wereld	○ refuser	○ weigeren
○ le travail ↻	○ het werk	○ quitter	○ verlaten
○ pourtant ↻	○ toch, echter	○ arrêter ↻	○ stoppen
○ avant ↻	○ voor (*tijd*)	○ plusieurs ↻	○ meerdere
○ chaque ↻	○ elke	○ entre	○ tussen
○ à cause de ↻	○ vanwege	○ ensemble ↻	○ samen
○ quand	○ toen, wanneer	○ tous les jours	○ elke dag

Français →	**Néerlandais**	**Français** →	**Néerlandais**
○ croire	○ geloven	○ les études *v mv*	○ de studie
○ rire	○ lachen	○ la banlieue	○ de buitenwijk
○ montrer ↻	○ laten zien	○ nombreux, -euse ↻	○ talrijk, veel
○ réussir ↻	○ succes hebben	○ ne ... aucun(e)	○ geen enkele

E

Français ↔	Néerlandais	Français ↔	Néerlandais
○ j'en ai assez	○ ik heb er genoeg van	○ je prends le bus	○ ik neem de bus
○ assieds-toi	○ ga zitten	○ je rentre	○ ik ga naar huis
○ arriver en retard	○ te laat komen	○ je me couche	○ ik ga naar bed
○ avoir le temps	○ tijd hebben	○ à une heure	○ om één uur
○ jusqu'à	○ tot	○ midi	○ twaalf uur 's middags
○ fatigué(e)	○ moe	○ minuit	○ twaalf uur 's nachts
○ je me lève	○ ik sta op	○ une heure et quart	○ kwart over een
○ je m'habille	○ ik kleed me aan	○ une heure et demie	○ half twee
○ je pars	○ ik vertrek	○ deux heures moins le quart	○ kwart voor twee

F

Français ↔	Néerlandais	Français ↔	Néerlandais
○ la note	○ het cijfer	○ en plus	○ bovendien
○ la récré	○ de (school)pauze	○ quelques	○ enkele
○ l'or *m*	○ het goud	○ moyenne	○ gemiddeld
○ les cheveux *m mv*	○ het haar	○ poser une question	○ een vraag stellen
○ l'eau *v*	○ het water	○ tomber	○ vallen
○ la pluie	○ de regen	○ revenir	○ terugkomen
○ la vitesse	○ de snelheid	○ perdre	○ verliezen
○ la porte	○ de deur	○ finir	○ eindigen

Français →	Néerlandais	Français →	Néerlandais
○ la Russie	○ Rusland	○ contrairement à	○ in tegenstelling tot
○ la réussite	○ het succes	○ en plein air	○ buiten
○ le droit	○ het recht	○ ne ... que	○ alleen maar, slechts
○ les environs *m mv*	○ de omgeving	○ comparer	○ vergelijken

Notes

PHRASES-CLÉS

Se présenter

○ Kun je je voorstellen?	○ Tu peux te présenter?
○ Ik heet *Leila* en ik ben *16* jaar.	○ Je m'appelle *Leila* et j'ai *16* ans.
○ Ik kom uit *Amsterdam, in Nederland.*	○ Je viens *d'Amsterdam, aux Pays-Bas.*
○ Ik ben van *Marokkaanse* afkomst.	○ Je suis d'origine *marocaine.*
○ Ik heb *een zusje* en *een halfbroer.*	○ J'ai *une petite sœur* et *un demi-frère.*
○ Ik lijk op *mijn zus*, maar *zij* is *minder serieus* dan ik.	○ Je ressemble à *ma sœur*, mais *elle* est *moins sérieuse* que moi.
○ Ik kan goed opschieten met *mijn zusje.*	○ Je m'entends bien avec *ma petite sœur.*
○ Met *mijn halfbroer* heb ik de hele tijd ruzie.	○ Avec *mon demi-frère*, on se dispute tout le temps.

Parler de ses habitudes

○ Hoe laat sta jij op?	○ Tu te lèves à quelle heure?
○ Ik sta om *zeven uur* op.	○ Je me lève à *sept heures.*
○ Hoe laat ga jij *naar school*?	○ À quelle heure, tu pars *à l'école*?
○ Ik ga om *acht uur* weg.	○ Je pars à *huit heures.*
○ Wat doe jij *na schooltijd*?	○ Qu'est-ce que tu fais *après l'école*?
○ Ik ga *naar de sportschool.*	○ Je vais *à la salle de sport.*
○ En *in het weekend*?	○ Et *le weekend*?
○ Ik vind het leuk om *uit* te *gaan.*	○ J'aime *sortir.*
○ Met wie?	○ Avec qui?
○ Met *mijn beste vriend.*	○ Avec *mon meilleur copain.*

Notes / Vocabulaire thématique

GRAMMAIRE

EN LIGNE Regarde les vidéos sur *Grandes Lignes en ligne*.

D De vergelijkingen

Als je personen, dieren, zaken ... met elkaar wilt vergelijken, gebruik je: plus (*meer*) / moins (*minder*) / aussi (*even*) gevolgd door het bijvoeglijk naamwoord en *que*.

plus moins aussi	+ bijvoeglijk naamwoord (in de juiste vorm)	+ que

Thomas est **plus sportif que** Léo. Léo est **moins sportif que** Thomas.	Thomas is **sportiever dan** Léo. Léo is **minder sportief dan** Thomas.

Pas de vorm van het bijvoeglijk naamwoord aan het onderwerp aan.

Paul est **plus grand que** Pauline. Pauline est **moins grande que** Paul.	Paul is **groter dan** Pauline. Pauline is **minder groot dan** Paul.

Pas op: als het woord achter *que* met een klinker of stomme h begint, verandert *que* in *qu'*.

Julie est **plus grande qu'**Emma.	Julie is **groter dan** Emma.

Er is een uitzondering: *beter dan* vertaal je met *meilleur que*. Er komt dus geen *plus* vóór *meilleur*. Let ook hier wel op de vorm van *meilleur(e)(s)*.

Mbappé est **meilleur que** Neymar.	Mbappé is **beter dan** Neymar.

H De woordvolgorde

De woordvolgorde in een Franse zin is:
onderwerp + persoonsvorm + ander werkwoord + rest van de zin
De werkwoorden staan dus altijd bij elkaar.

Je **vais acheter** un T-shirt. **J'ai acheté** un T-shirt.	Ik **ga** een T-shirt **kopen**. Ik **heb** een T-shirt **gekocht**.

In een ontkennende zin komt *ne/n'* voor de persoonsvorm (*het eerste werkwoord*) en *pas / jamais / plus* ... erachter.

Je **ne** vais **pas** en France. Il **n'**est **jamais** allé en France.	Ik ga **niet** naar Frankrijk. Hij is **nooit** naar Frankrijk gegaan.

Let op: de volgende woorden staan altijd direct na de persoonsvorm: *souvent* (vaak), *toujours* (altijd), *encore* (nog), *bien* (goed), *mal* (slecht), *beaucoup* (veel) en *déjà* (al).

J'aide **toujours** mes amis. Je suis **souvent** allé en France.	Ik help **altijd** met vrienden. Ik ben **vaak** naar Frankrijk gegaan.

De bepaling van tijd en van plaats staat vooraan of achteraan in de zin. Het maakt niet uit of de bepaling vooraan of achteraan staat. De woordvolgorde ziet er dan als volgt uit:
tijd/plaats + onderwerp + alle werkwoorden + lijdend/meewerkend voorwerp + *tijd/plaats*

Demain, je vais acheter un T-shirt. Je vais acheter un T-shirt **demain.**	Ik ga **morgen** een T-shirt kopen. Ik ga **morgen** een T-shirt kopen.

Tâche PARLER OU ÉCRIRE

Au choix

C'EST MOI!

Fais un vlog pour parler de tes habitudes.
- Fais un vlog d'au moins trois minutes en français.
- Présente-toi: nom, âge, famille, caractère, maison, chambre, passetemps, animal...
- Parle aussi de tes habitudes: décris une journée type.
- Utilise les phrases-clés des chapitres 1 à 6.

TIP
- Film jezelf thuis en laat de dingen zien waarover je vertelt.

PERSO

Écris un mail pour trouver un partenaire pour un échange (*uitwisseling*).
- Ta classe va faire un échange avec une école en France. Tu cherches un partenaire français.
- Écris un mail d'au moins 10 phrases en français.
- Présente-toi: nom, âge, famille, caractère, passetemps, animal...
- Parle aussi de tes habitudes.
- Utilise les phrases-clés des chapitres 1 à 6.

TIP
- Je moet je zo nauwkeurig mogelijk voorstellen, zodat je een goede match vindt.

Bilan

- [x] Iemand interviewen On y va
- [x] Vertellen over je vrienden en social media chapitre 1
- [x] Vertellen over je vrije tijd chapitre 2
- [x] Jezelf redden op reis chapitre 3
- [x] Jezelf redden in een restaurant chapitre 5
- [ ] **Vertellen over jezelf en je gewoontes chapitre 6**
- [ ] Dingen omschrijven chapitre 7

Ça y est!

Complète la fiche d'évaluation.

FICHE D'ÉVALUATION

Inhoud	Ik heb een vlog gemaakt.	😀	😐	🙁
	Ik heb een mail geschreven.	😀	😐	🙁
Woorden	Ik heb woorden gebruikt die met mezelf voorstellen en gewoontes te maken hebben.	😀	😐	🙁
Zinnen	Ik heb de *phrases-clés* gebruikt en nieuwe zinnen gemaakt door woorden te vervangen.	😀	😐	🙁
	Ik heb de *phrases-clés* gebruikt en nieuwe zinnen gemaakt door woorden te vervangen.	😀	😐	🙁
	Ik heb gelet op de woordvolgorde, op de vorm van de bijvoeglijke naamwoorden en op de vergelijkingen.	😀	😐	🙁
Uitspraak	Ik heb gelet op de uitspraak van de mannelijke en vrouwelijke bijvoeglijke naamwoorden.	😀	😐	🙁
Spelling	Ik heb de woorden correct gespeld.	😀	😐	🙁

Wat is goed aan je vlog/mail en wat kan beter?

Top:

Tip:

Klaar voor het proefwerk?
Maak de oefentoets online en volg het studieadvies.

Meer oefenen?
Hoofdstuk 8 is een herhalingshoofdstuk. Je kunt nu aan de slag met opdracht 7 tot en met 12 van hoofdstuk 8.

- [x] Vertellen over jezelf en je gewoontes

CHAPITRE 7

Parcours

INTRODUCTION 84

PARTIE 1

A Écouter 86
B Lire 90
C Phrases-clés et parler 94
D Grammaire et écrire 96

FRANCOFOLIES 98

PARTIE 2

E Regarder 100
F Lire 102
G Phrases-clés et parler 106
H Grammaire et écrire 108

ARRÊT 110

TÂCHE 114

À tout ♡ prix!
KENZO

Introduction

1 **a** **Regarde le film.**

b **Choisis.**

1 In de film gaat het over *la joie de vivre à la française*. Wat wordt daarmee bedoeld?

A ○ genieten van simpele dingen met familie en vrienden
B ○ luxe leven
C ○ op vakantie met vrienden

2 Wat is voor jou *la joie de vivre à la néerlandaise*? ______________________________

____

2 **Lis le détail intéressant, fais une visite virtuelle des Champs-Élysées et réponds.**

DÉTAIL INTÉRESSANT *L'Avenue des Champs-Élysées* staat ook wel bekend als «*la plus belle avenue du monde*». Deze laan van bijna twee kilometer is één van de bekendste winkelstraten ter wereld. Met een gemiddelde winkelhuur van ongeveer 1 miljoen euro per jaar voor 100 m^2 is het ook een van de duurste straten ter wereld. Vandaar dat je er veel luxemerken vindt. Maar je kunt er ook gewoon winkelen bij winkels met minder dure spullen.

Zoek *Avenue des Champs-Élysées* op Google Maps streetview.

1 Welke monumenten staan aan het begin en einde van de *Champs-Élysées*?

____

2 Ladurée is een prachtige winkel in *Art déco* stijl. Wat kun je daar kopen? ______________

3 Noem nog vijf merken die een winkel hebben op de *Champs-Élysées*.

____

4 Stel je wint een minuut gratis winkelen aan de *Champs- Élysées*. Naar welke winkel ga je en wat koop je?

____

____

WAT KAN IK AL EN WAT GA IK LEREN?

- [x] Iemand interviewen On y va
- [x] Vertellen over je vrienden en social media chapitre 1
- [x] Vertellen over je vrije tijd chapitre 2
- [x] Jezelf redden op reis chapitre 3
- [x] Jezelf redden in een restaurant chapitre 5
- [x] Vertellen over jezelf en je gewoontes chapitre 6
- [ ] Dingen omschrijven chapitre 7

3 **Travaillez à deux. Choisis deux des magasins suivants et ton voisin nomme au moins deux produits en français qu'on peut acheter dans ces magasins. Puis change de rôle.**

A Écouter

Aan het eind van deze paragraaf:

BUTS A2 – kun je een gesprek over bijbaantjes begrijpen.
– ken je woorden die te maken hebben met geld en bijbaantjes.

EN LIGNE Maak je de opdrachten online? Dan krijg je extra hulp of mag je vragen overslaan, net wat bij jou past.

4 **Lis le détail intéressant puis coche les noms qui sont des petits boulots.**

DÉTAIL INTÉRESSANT In Frankrijk mag je officieel vanaf 16 jaar werken. Vanaf 14 jaar mag je alleen tijdens de zomervakantie werken.

1 ○ babysitter
2 ○ caissière
3 ○ cuisinier
4 ○ métier
5 ○ vendeur
6 ○ visiteur

5 a **Écoute et lis le texte. Combine.**

Célia
Quentin

parle de ses dépenses (*uitgaven*).
a une idée pour les grandes vacances.
ne parle pas de son argent de poche.
voudrait acheter quelque chose de cher.

b **Regarde les photos, puis écoute la suite du dialogue. Célia et Quentin parlent de quels petits boulots? Choisis les bonnes réponses.**

A ○

B ○

C ○

c **Écoute de nouveau la suite du dialogue. Quels arguments est-ce que Quentin utilise? Choisis les bonnes réponses.**

1 ○ Ik houd niet van kinderen. ______________________

2 ○ Ik ben allergisch voor honden. ______________________

3 ○ Ik wil graag met leeftijdgenoten werken. ______________________

4 ○ Ik houd niet van vroeg opstaan. ______________________

5 ○ Ik doe dit thuis ook niet. ______________________

6 ○ Ik vind het slecht betaald. ______________________

d **Travaillez à deux. Schrijf in het Nederlands in opdracht 5c achter ieder argument het bijbaantje waarover het gaat.**

UN PETIT BOULOT PARFAIT?!

C'est bientôt les grandes vacances. Quentin est à la plage de Biscarosse dans les Landes avec son amie Célia.

- *Quentin*: Tu connais mon cousin Damien. Il vient d'acheter un skateboard électrique. Il est super, il roule à 20 km/h!
- *Célia*: 20 km/h! Ça va vite!
- *Quentin*: Ouais. Moi aussi, j'aimerais m'acheter un skateboard électrique, mais c'est beaucoup trop cher.
- *Célia*: Ah bon? Ça coute combien?
- *Quentin*: Au moins 200 euros.
- *Célia*: Ah oui, c'est cher!
- *Quentin*: J'ai demandé à ma mère d'augmenter mon argent de poche mais elle a refusé.
- *Célia*: Oh, dommage! Tu as combien d'argent de poche?
- *Quentin*: Ma mère me donne cinquante euros par mois.
- *Célia*: Cinquante euros? Pas mal! Et tu ne fais pas d'économies?
- *Quentin*: Moi? Oh, non, je dépense toujours tout!
- *Célia*: Mais qu'est-ce que tu fais de ton argent?
- *Quentin*: Euh, je paye mon abonnement de téléphone, les sorties avec mes copains, des trucs comme ça.
- *Célia*: Si tu as besoin d'argent, j'ai une idée.
- *Quentin*: Ah ouais, c'est quoi ton idée?
- *Célia*: Si tu veux gagner de l'argent, cherche un petit boulot pour cet été.
- *Quentin*: Un petit boulot, moi? Mais je vais faire quoi?

vient d'	heeft zojuist
faire des économies	sparen

★ **e Lis la petite annonce. Quel secteur correspond le mieux à Quentin? Coche le secteur et explique ta réponse en néerlandais.**

Petite annonce: job d'été au Club Med

Nous avons des resorts en Europe, en Afrique et au Moyen-Orient. Pour cet été, nous cherchons encore des jeunes pour travailler dans différents secteurs:

- ○ hôtellerie / restauration
- ○ réception
- ○ petite enfance
- ○ sport et loisirs

Pour plus d'informations: www.clubmedjobs.fr

____

____

6

a Fais des paires.

faire du baby-sitting	le travail
le petit boulot	le magasin
compliqué	garder un enfant
dépenser	facile
le vendeur	faire des économies

b Fais trois phrases d'au moins six mots comme dans l'exemple. Utilise *j'aimerais* et le Vocabulaire A. Fais attention à l'ordre des mots.

Exemple: J'aimerais sortir le chien de mon voisin.

1 ______________________________

2 ______________________________

3 ______________________________

c Travaillez à trois: *Jeu de mémoire.*

VARIATION

- Regarde les mots du Vocabulaire A pendant 30 secondes puis ferme ton livre.
- Dites un mot à tour de rôle.
- Un élève contrôle les mots.
- L'élève avec le plus de mots, a gagné!
- Fais la même chose avec un autre élève.

7 **a** **Regarde le dépliant (*folder*) puis écoute Benjamin et Juliette. Ils parlent de quels produits?**

____

____

____

b **Choisis les bonnes réponses. Il y a deux réponses possibles par question.**

1 Tu as de l'argent de poche?
A ○ Non, mais j'ai un petit boulot.
B ○ Oui, je cherche un cadeau.
C ○ Oui, quarante euros par mois.

2 Qu'est-ce que tu fais avec?
A ○ Je paye mes places de cinéma.
B ○ Je vais jouer au foot.
C ○ J'achète des magazines.

3 Tu fais aussi des économies?
A ○ Oui, pour m'acheter une trottinette.
B ○ Non, je dépense tout mon argent.
C ○ Oui, c'est bien payé.

c **Travaillez à deux: pose les trois questions de l'exercice 7b et ton voisin répond. Puis changez de rôle.**

EN LIGNE Apprends A à la page 110. Utilise aussi «Slim stampen».

B Lire

Aan het eind van deze paragraaf:

BUTS A2 – kun je een test begrijpen over hoe je met geld omgaat.
– ken je woorden die te maken hebben met geld.

EN LIGNE Maak je de opdrachten online? Dan krijg je extra hulp of mag je vragen overslaan, net wat bij jou past.

8 **Travaillez ensemble. Regardez comment les ados français dépensent leur argent. Puis répondez à la question en français.**

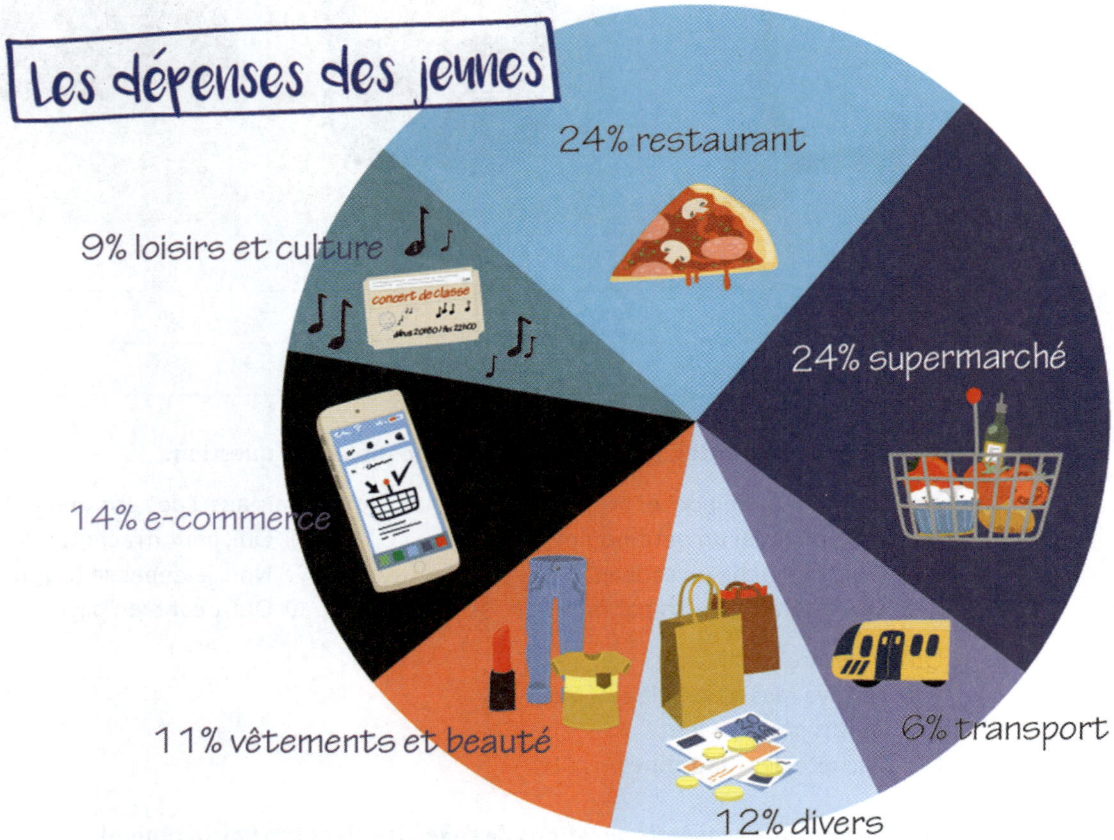

Et vous, comment vous dépensez votre argent? Faites un Top 5 des dépenses de votre classe en français.

9 **a** **Lis l'introduction du test *Es-tu une cigale ou une fourmi?* et réponds en néerlandais.**

1 Waar gaat de test over? ______________________________

2 Bedenk twee vragen in het Nederlands die bij deze test zouden passen.

3 Lees nu de vier vragen van de test. Komen ze overeen met wat je hebt bedacht?

TEST ES-TU UNE CIGALE OU UNE FOURMI?

Tu connais la fable «La cigale et la fourmi» de Jean de la Fontaine? Pendant l'été, la cigale s'amuse et chante alors que la fourmi travaille et fait des réserves pour l'hiver. Quand l'hiver arrive, la cigale n'a plus rien à manger et elle demande de l'aide à la fourmi qui refuse. La morale? Il faut apprendre à faire des économies et à penser à l'avenir. Et toi, tu es plutôt comme la cigale ou la fourmi? Fais le test!

1 Que fais-tu avec 20 euros?
A ☐ Tu les mets sur ton compte en banque.
B ☐ Tu vas dans un fastfood et tu gardes le reste pour le scooter de tes rêves.
C ☐ Tu vas au cinéma avec tes copains.

2 Quand tu vas au centre commercial, tu achètes ...
A ☐ des choses utiles comme de la crème solaire ou un cahier pour l'école.
B ☐ une casquette, des lunettes de soleil ou même un petit cadeau pour un ami.
C ☐ des bonbons, des chips et des glaces.

3 Quand tu vas au cinéma, tu payes ta place et ...
A ☐ tu gardes la monnaie.
B ☐ tu achètes un coca et du popcorn.
C ☐ tu repars avec un portemonnaie vide.

4 Quand tu es fauché(e), ...
A ☐ tu restes à la maison et tu vas sur Internet, c'est gratuit.
B ☐ tu cherches un petit boulot.
C ☐ tu demandes à tes copains de te prêter un peu d'argent.

LES RÉSULTATS:
Tu as fini le test? Compte le nombre de A, de B et de C que tu as.

Surtout A: Tu es une fourmi! Tu dépenses ton argent pour des choses utiles et tu fais des économies!

Surtout B: Tu es une fourmi généreuse. Tu aimes aussi faire des cadeaux. Tu ne dépenses pas tout et tu fais aussi des économies, bravo!

Surtout C: Tu es une vraie cigale! Tu dépenses tout. Tu ne penses pas à l'avenir. Tu profites du moment.

la cigale	de krekel	fauché(e)	blut
la fourmi	de mier	prêter	lenen
le compte	de rekening		

b **Fais le test. Entoure (*omcirkel*) tes réponses dans le tableau. Puis compte le nombre de A, B et C et lis ton résultat. Tu es d'accord?**

1	2	3	4
A / B / C	A / B / C	A / B / C	A / B / C

★ **c** **Lis le texte suivant. Puis choisis et complète en néerlandais.**

Mes parents me donnent quarante-cinq euros par mois. Je dépense presque tout en sorties, entrées de parcs d'attraction ou cinéma. J'aime bien passer de super moments avec mes amis. À la fin du mois, j'arrive toujours à mettre un peu d'argent de côté. C'est pour m'acheter un scooter!
Gabriel, 16 ans

Gabriel is volgens de test type *A / B / C*, want ____

____

10 **a** **Écris les phrases dans la bonne colonne. Choisis entre:**

j'ai un portemonnaie vide | je pense à l'avenir | j'achète des choses utiles | je profite de la vie | je m'amuse | je garde la monnaie

cigale	fourmi

b **Traduis et fais les mots croisés.**

Horizontaal:
1 toekomst
2 winter

Verticaal:
3 tijdens
4 ding
5 gratis
6 vragen

11 **a** **Lis le détail intéressant. Puis complète avec deux autres informations sur Monaco en néerlandais. Tu peux utiliser Internet.**

VARIATION

DÉTAIL INTÉRESSANT Wist je dat ...

- Monaco het dichtstbevolkte land ter wereld is: bijna 40.000 inwoners op een oppervlakte van slechts 2 km^2?
- ieder jaar de Grand Prix in het Formule 1 racen wordt gereden in de straten van Monaco?
- een van de duurste straten ter wereld in Monaco ligt: de *Avenue Princesse Grace*?
- er in Monaco veel casino's zijn, maar voor de inwoners een gokverbod geldt?
- Monaco een prins heeft als staatshoofd?
- Monaco een armoedecijfer heeft van nul?
- bijna een op de drie inwoners miljonair is?
- ______________________________
- ______________________________

b **Travaillez à deux. Choisissez une ville, une région ou un pays francophone. Puis écrivez au moins cinq informations en néerlandais ou en français.**

____

____

____

____

____

EN LIGNE Apprends B à la page 110 et révise A. Utilise aussi «Slim stampen».

C Phrases-clés et parler

Aan het eind van deze paragraaf:
BUTS A2 – kun je vertellen over geld.
– weet je hoe je *ai* en *oi* uitspreekt.

12 **a** **Lis le tuyau. Puis écoute et répète.**

TUYAU La prononciation de *ai* et *oi*

Qu'est-ce que tu **fais** au **mois** de **mai**?

Ai spreek je uit zoals de *e* in het Nederlandse woord *plek*.

monn**ai**e | tu f**ai**s | m**ai**s

Oi spreek je uit als *wa*.

parf**oi**s | m**oi**s | v**oi**sin

b **Écoute, lis et répète les phrases-clés. Puis joue le dialogue avec ton voisin. Fais attention à la prononciation des lettres *ai* et *oi*.**

PHRASES-CLÉS Parler d'argent

1 Tu as de l'argent de poche?	Oui, *cinquante* euros par *mois*.
	Non, mais j'ai un petit boulot.
2 Qu'est-ce que tu fais avec?	J'achète *des vêtements*.
	Je paye *mon abonnement de téléphone*.
	Je vais *au cinéma*.
3 Tu fais aussi des économies?	Oui, pour m'acheter *un scooter*.

c **Remplace *des vêtements* et *au cinéma* par d'autres mots. Puis jouez de nouveau le dialogue des phrases-clés. Utilisez vos mots du vocabulaire thématique.**

VOCABULAIRE THÉMATIQUE

des vêtements	des magazines, des cadeaux, ...
mes mots	
au cinéma	au restaurant, au club de sport, ...
mes mots	

13 Travaillez à deux. Regarde les images et choisis la fille ou le garçon. Ton voisin pose les questions des phrases-clés, tu réponds à l'aide des images. Puis changez de rôle et parlez de l'autre personne.

14 **a** **Complète en français.**

Mon argent de poche / Mon salaire	
Mes dépenses	
Mes économies	

b **Travaillez à deux. Pose les questions des phrases-clés à ton ton voisin et il répond. Utilisez l'exercice 14a. Puis changez de rôle.**

EN LIGNE Apprends C à la page 112. Utilise aussi «Slim stampen».

D Grammaire et écrire

BUTS

Aan het eind van deze paragraaf:

A2 – kun je adviezen geven.
– kun je de gebiedende wijs gebruiken.

EN LIGNE Maak je de opdrachten online? Dan krijg je extra hulp of mag je vragen overslaan, net wat bij jou past!

15 a **Lis les phrases et réponds à la question en néerlandais.**

Écoute et choisis la bonne réponse.

Travaillez ensemble: écoutez et choisissez la bonne réponse.

Welke instructie is voor één leerling en welke is voor een groep? Leg je antwoord uit.

____

b **Lis la Grammaire.**

GRAMMAIRE De gebiedende wijs

Je gebruikt de gebiedende wijs om een aanwijzing of opdracht te geven of om een voorstel te doen. De vorm die je gebruikt, hangt af van degene aan wie je de opdracht geeft.

Reste à la maison!	**Blijf** thuis!
N'**achetez** pas de chips!	**Koop** geen chips!

Je richt je tot:	vorm van het werkwoord:		
één persoon (jij)	*je*-vorm van de *présent*	**Cherche** un petit boulot!	**Zoek** een baantje!
een groep waar je zelf bij hoort (wij)	*nous*-vorm van de *présent*	**Cherchons** un petit boulot!	**Laten we** een baantje zoeken!
meer personen (jullie)/ iemand die je met u aanspreekt (u)	*vous*-vorm van de *présent*	**Cherchez** un petit boulot!	**Zoek** een baantje!

Let op: de gebiedende wijs in de *nous*-vorm is geen aanwijzing of opdracht, maar een voorstel. Je vertaalt het dan ook met: laten we ...

Allons à la plage!	**Laten we** naar het strand **gaan**!

Er is een uitzondering: ***ga*** vertaal je met ***va*** (*en niet vais)* als je je richt tot één persoon.

Va à l'école!	**Ga** naar school!

EN LIGNE Regarde la vidéo sur *Grandes Lignes en ligne*.

16 **Travaillez ensemble. Jeu: *Jacques a dit*.**

– Ga staan en luister naar de instructies. Volg alleen de instructie op als deze begint met het zinnetje *Jacques a dit*.
– Als je geen *Jacques a dit* hoort dan doe je niets, anders ben je af. Als je de verkeerde beweging maakt, ben je ook af. Degene die overblijft, wint!

17 **a** **Regarde les images et donne des conseils comme dans l'exemple. Utilise l'impératif.**

1 Fais des économies!

2 ______________________

3 ______________________

4 ______________________

5 ______________________

6 ______________________

b **Fais des phrases comme dans l'exemple. Utilise l'impératif.**

Tu dois faire tes devoirs. Fais tes devoirs.
1 Vous devez demander le prix. ______________________
2 Tu dois travailler dur. ______________________
3 Nous devons choisir une couleur. ______________________
4 Tu dois répondre à ton prof. ______________________

18 **Donne quatre conseils à ton ami(e) qui n'a jamais d'argent. Utilise l'impératif.**

Exemple: Vends quelque chose sur Marktplaats.

____
____
____
____

EN LIGNE Apprends D à la page 113. Utilise aussi «Slim stampen» et la *Boite à Gram*.

Francofolies

Jeanne d'Arc 1412-1434 | Saint-Malo 1534 | Louis XIV 1638-1715 | La Révolution française 1789 | Napoléon 1769-1821 | Les grandes inventions

Les frères Lumière

La première projection de cinéma a lieu en décembre 1895 à Paris. Les frères présentent 10 petits films.

FAITES UNE LISTE

AU CHOIX

– 15 MIN –

LES FRANÇAIS ONT INVENTÉ BEAUCOUP D'AUTRES CHOSES. FAITES UNE LISTE DE CINQ INVENTIONS FRANÇAISES, AVEC LA DATE ET LE NOM DE L'INVENTEUR.

Chaque film dure moins d'une minute.

En 1895, les deux frères améliorent une invention de l'Américain Thomas Edison. La première caméra de cinéma est née.

Auguste et Louis Lumière ont une étoile au Walk of Fame d'Hollywood.

BRICOLEZ

AU CHOIX

LE PARACHUTE EST AUSSI UNE INVENTION FRANÇAISE. FABRIQUEZ UN PARACHUTE AVEC UNE SERVIETTE EN PAPIER OU UN SAC EN PLASTIQUE ET DU FIL (DRAAD). REGARDEZ LES TUTOS SUR INTERNET.

FAITES LE TOP 3

- 15 MIN -

REGARDEZ LA PROGRAMMATION DES DIFFÉRENTS CONCERTS DES VIEILLES CHARRUES DE L'ÉTÉ PROCHAIN ET FAITES LE TOP 3 DES CONCERTS QUE VOUS VOULEZ VOIR.

Planète Culture

Le Festival des Vieilles Charrues

Tous les étés, tu peux faire la fête dans de nombreux festivals. Il y en a partout en France et pour tous les genres: métal, électro, jazz ... Mais si tu veux vraiment t'amuser avec tes copains, il faut aller au Festival des Vieilles Charrues, à Carhaix, en Bretagne. Les Vieilles Charrues, c'est quatre jours de fête et de musique pour tous!

Les souks de Marrakech

Les souks de Marrakech sont des marchés orientaux traditionnels. On y trouve absolument de tout. Il y a une zone pour les bijoux, une pour les vêtements, une pour le cuir ...

ÉCRIVEZ LES NOMS

- 10 MIN -

CHERCHEZ UNE VIDÉO SUR LES SOUKS DE MARRAKECH ET NOTEZ LE NOM D'AU MOINS CINQ PRODUITS QUE VOUS VOYEZ EN FRANÇAIS.

8 Regarder

Aan het eind van deze paragraaf:

BUTS A2 – kun je de belangrijkste informatie uit een film begrijpen.
– ken je woorden die te maken hebben met kleuren, vormen en materialen.

EN LIGNE Bij de film maak je opdrachten op het niveau dat bij je past: in de A-, de B- of de C-route.

19 **Regarde le film et choisis un exercice à la page 153.** AU CHOIX

– Op pagina 153 vind je een carrousel met keuzeopdrachten.
– Gebruik een dobbelsteen om te bepalen welke opdracht je gaat maken of kies zelf.

EN LIGNE Regarde le film sur *Grandes Lignes en ligne* et choisis un exercice.

20 a **Écoute la publicité et souligne les caractéristiques du «*Wonderswing*».**

Matière	Couleur	Dimension/Poids	On l'utilise pour ...
en bois	bleu	grand	le corps
en métal	jaune	petit	les cheveux
en verre	vert	lourd	l'école
en tissu	rose	léger	téléphoner
en plastique	violet		faire du sport

b **Travaillez à deux. Choisissez un produit et décrivez le produit en français comme dans l'exemple.**

Je vous présente un nouveau produit, c'est un stylo en bois. Il est petit et léger. Il existe en bleu, vert et violet. On l'utilise pour écrire.

Je vous présente un nouveau produit, ______________________________

____

____

____

21 a **Regarde l'image avec les couleurs. Kruis de vijf vakjes aan waarvan de kleur van het vak overeenkomt met de tekst.**

bleu	violet	brun	rouge	vert
blanc	rose	jaune	orange	violet
vert	jaune	rouge	bleu	brun
rose	orange	jaune	violet	rouge
vert	jaune	bleu	rose	orange

b **Travaillez à deux. Wijs een vakje aan. Je buurman zegt de kleur van het vakje in het Frans. Wie van jullie kan de meeste kleuren foutloos zeggen?**

VARIATION

EN LIGNE Apprends E à la page 111. Utilise aussi «Slim stampen».

F Lire

Aan het eind van deze paragraaf:

BUTS A2 – kun je informatie vinden in korte teksten.
– weet je dat woorden meer betekenissen kunnen hebben.

EN LIGNE Maak je de opdrachten online? Dan krijg je extra hulp of mag je vragen overslaan, net wat bij jou past.

22 **Lis globalement les textes à la page suivante et regarde les images. Écris les trois sujets des textes en néerlandais.**

Enfin prouvé! ______________________________

Marathon record ______________________________

Devinettes ______________________________

23 a **Lis le texte *Enfin prouvé!* Réponds à la question.**

Citeer de eerste twee woorden van de zin waarin staat wat het «*effet passage de porte*» inhoudt.

____

b **Lis le texte *Enfin prouvé!* Choisis le mot qui manque.**

A ○ Donc
B ○ Et
C ○ Mais
D ○ Par exemple

c **Lis le texte *Marathon record*. Choisis la bonne réponse.**

Wat wordt duidelijk over het marathonrecord van Eliud Kipchoge?
A ○ Het record is ongeldig vanwege onverklaarbare omstandigheden.
B ○ Het record was mogelijk doordat Eliud Kipchoge wind mee had.
C ○ Het record werd afgelegd in iets meer dan twee uur.
D ○ Het record wordt niet als officieel wereldrecord erkend.

Examenvraag

d **Lis le texte *Devinettes* et combine. Welke oplossing hoort bij welk raadsel? Let op: je houdt één (foute) oplossing over.**

A une grenouille
B un lit
C un parapluie
D un timbre
E la pêche

1	
2	
3	
4	

LE COIN PRESSE

ENFIN PROUVÉ!
Tu connais cette situation? Tu quittes une pièce avec une idée en tête... et tu l'oublies une minute plus tard. Oui, ça arrive à tout le monde. C'est la faute du « doorway effect », ou « l'effet passage de porte » en français. Une expérience scientifique américaine a montré que quand on passe une porte, notre cerveau fait une sélection parmi ses infos. La porte est comme une frontière. ______ si tu as un trou de mémoire quand tu changes de pièce, c'est normal.

MARATHON RECORD
Eliud Kipchoge, un Kényan de 35 ans, est le premier marathonien à parcourir 42,195 km en moins de deux heures! Surnommé «le philosophe», il mène une vie ultra réglée: s'entrainer, lire, manger, dormir. Mais son record, non officiel, est contesté car il y avait des conditions exceptionnelles: température idéale, voitures équipées de laser qui montre son rythme, protections contre le vent, etc.

DEVINETTES
(1) J'ouvre quand tu te sers de moi
Je ferme quand tu n'as plus besoin de moi
et je goutte après l'usage.
Qui suis-je?

(2) Je suis un hobby apprécié,
pratiqué en mer ou en rivière,
pour nourrir ou pour s'amuser,
Il faut de la patience pour pratiquer mon activité.
Qui suis-je?

(3) J'ai quatre pattes.
Je vis au bord des mares
et des étangs.
Mes cuisses sont un plat très apprécié en France.
Je suis verte.
Qui suis-je?

(4) J'ai quatre pieds
mais je ne marche pas
J'ai une tête
mais je ne parle pas.
On passe le tiers de sa vie sur moi.
Qui suis-je?

D'après: www.unedevinette.com
Source: CE vmbo 2019

un trou	*een gat*
contesté	*betwist*
je goutte	*ik druppel*

des pattes	*poten*
des étangs	*vijvers*
je marche	*ik loop*

e **Travaillez à deux. Lisez de nouveau le texte *Devinettes*. Faites une devinette.**

– Bestudeer de vier raadsels nog eens goed.
– Maak vervolgens zelf een raadsel volgens dezelfde opzet in het Frans.
– Je buurman probeert het raadsel op te lossen.

____

____

____

____

____

____

24 **a** **Choisis un texte et écris une question en néerlandais ou en français.**

– Bedenk zelf een vraag bij een van de teksten.
– Je mag zelf kiezen: een open vraag, een meerkeuzevraag, etc. Kijk nog eens naar de vragen die in leerjaar 3 in *Le Coin Presse* gesteld zijn.

b **Travaillez à deux. Donne ta question à ton voisin et réponds à la question de ton voisin.**

25 **a** **Lis le tuyau, puis écris le numéro de la bonne traduction.**

TUYAU Woordenboek: woorden met meer betekenissen

In een (online) woordenboek vind je de betekenis van woorden. Maar let op: sommige woorden hebben meer dan één betekenis. Die worden in het woordenboek genummerd. De betekenis die het meest voorkomt, staat vooraan. Kijk dus eerst altijd goed naar de verschillende betekenissen en kies daarna pas de juiste vertaling.

1 Tu quittes une **pièce** avec une idée en tête. ____________
zn *v* 1 stuk 2 kamer; vertrek 3 toneelstuk

2 Il y avait des **conditions** exceptionnelles. ____________
zn *v* 1 voorwaarde 2 omstandigheid 3 toestand

3 Je suis un hobby apprécié, **pratiqué** en mer ou en rivière. ____________
ww 1 uitoefenen; beoefenen 2 aanleggen; maken 3 toepassen

b **Lis la description, traduis et écris le mot en français. Il y a deux mots en trop. Choisis entre:**

verlaten | sluiten | later | de grens | waarderen | op | lopen | een kamer

1 C'est le contraire d'*ouvrir*. ____________

2 C'est un endroit dans une maison, par exemple une chambre. ____________

3 C'est le synonyme d'*aimer*. ____________

4 C'est le synonyme de *partir*. ______________________

5 C'est le contraire de *sous*. ______________________

6 C'est la séparation entre deux pays. ______________________

c Écris six mots. VARIATION

Schrijf zes Franse woorden op, drie ervan gaan over het thema 'iets kopen/winkelen', de andere drie niet. Gebruik woorden uit Vocabulaire A t/m F van dit hoofdstuk.

______________________ ______________________

______________________ ______________________

______________________ ______________________

d Travaillez à deux. Soulignez les mots. VARIATION

Wissel van boek met je buurman/vrouw. Hij/zij onderstreept de woorden die bij het thema 'iets kopen/winkelen' passen.

EN LIGNE Apprends F à la page 111 et révise E. Utilise aussi «Slim stampen».

G Phrases-clés et parler

Aan het eind van deze paragraaf:
BUT A2 – kun je iets omschrijven.

26 **a** **Travaillez à deux. Lisez la description et devinez. Dites le mot en néerlandais.**

1 C'est une appli pour avoir la météo en direct. C'est pratique pour savoir le temps qu'il fait.
2 C'est un truc en bois. C'est petit et léger. On l'utilise pour écrire.
3 C'est un truc pour ouvrir ou fermer les portes. C'est petit et léger. C'est en métal.
4 C'est une sorte de livre. C'est une liste de mots par ordre alphabétique.

b **Écoute, lis et répète les phrases-clés. Puis joue le dialogue avec ton voisin.**

PHRASES-CLÉS Décrire quelque chose

1 Tu as *un nouveau portable*?	Oui, regarde! *Il* est *super*.
2 Qu'est- ce que tu fais avec?	Je l'utilise pour ...
	C'est pratique pour ...
	C'est *un truc en plastique* pour ...
3 Tu peux décrire ...?	C'est une sorte de ...
	C'est *rond*.
	C'est *bleu*.
	C'est *grand*.

c **Remplace *rond* et *en plastique* par d'autres mots. Puis jouez de nouveau le dialogue des phrases-clés. Utilisez vos mots du vocabulaire thématique.**

VOCABULAIRE THÉMATIQUE

rond	carré, rouge, petit, ...
mes mots	
en plastique	en bois, en tissu, en papier, ...
mes mots	

27 Travaillez à deux. Regardez les images et décrivez l'appli et les objets en au moins trois phrases.

28 **a** **Choisis un objet et une appli que tu vas décrire. Tu peux chercher des photos sur internet. Puis écris au moins quatre caractéristiques de l'appli et de l'objet en mots-clés (forme, couleur, matière, utilisation ...).**

Objet: ____

Appli: ____

b **Travaillez en groupe. Décrivez un objet et une appli à tour de rôle. Les autres élèves devinent et disent le mot en néerlandais.**

EN LIGNE Apprends G à la page 112. Utilise aussi «Slim stampen».

H Grammaire et écrire

Aan het eind van deze paragraaf:

BUTS A2 – kun je plaatjes omschrijven.
– kun je de ontkenning gebruiken.

EN LIGNE Maak je de opdrachten online? Dan krijg je extra hulp of mag je vragen overslaan, net wat bij jou past.

29 a **Écoute la chanson *On danse* de M. Pokora et coche les négations que tu entends.**

1 ○ ne ... pas
2 ○ ne ... rien
3 ○ ne ... jamais
4 ○ ne ... plus

b **Lis la Grammaire.**

GRAMMAIRE De ontkenning

Weet je nog? In het Frans bestaat een ontkenning altijd uit twee delen. ***Ne*** of ***n'*** staat vóór het eerste werkwoord van de zin (persoonsvorm) en het tweede deel (***pas, plus*** *...)* direct erna.

Il **n'**a **pas** eu son argent de poche.	Hij heeft zijn zakgeld **niet** gekregen.
Je **ne** veux **plus** aller au cinéma.	Ik wil **niet meer** naar de bioscoop gaan.

ne ... pas	niet	**ne ... rien**	niets
ne ... plus	niet meer	**ne ... pas encore**	nog niet
ne ... jamais	nooit		

De ontkenning van ***c'est*** is ***ce n'est pas***. De ontkenning van ***il y a*** is ***il n'y a pas.***

Ce n'est pas possible.	**Het is niet** mogelijk.
Il n'y a pas de réduction.	**Er is geen** korting.

Na een ontkenning veranderen *un, une, du, de la, de l'* en *des* in ***de/d'***.

Tu as **de l'**argent?	Heb je geld?
Non, je **n'**ai **pas d'**argent.	Nee, ik heb **geen** geld.

EN LIGNE Regarde la vidéo sur *Grandes Lignes en ligne*.

c **Fais des phrases négatives.**

1 Isa va à Decathlon (*niet*). ______

2 Tu achètes à Carrefour (*niets*)? ______

3 C'est gratuit (*niet meer*)? ______

4 J'ai fait les courses (*nog niet*). ______

5 Elle a gagné au loto (*nooit*). ______

30 a **Réponds aux questions comme dans l'exemple. Utilise la négation.**

1 Tu as un petit boulot? Non, je n'ai pas de petit boulot.

2 Et Marc, il gagne de l'argent? Non, il ______.

3 Il a acheté un scooter? Non, ______.

4 Il y a des soldes? Non, ______.

★ b **Fais des phrases négatives au présent avec les mots suivants. Choisis le sujet: je, tu, il, le jean ...**

1 acheter les baskets noires / ne pas ______

2 aller en ville / ne jamais ______

3 chercher à Auchan / ne rien ______

4 vendre des croissants / ne pas ______

5 être cher / ne plus ______

31 **Travaillez à deux: *Puzzle*.** VARIATION

– Prends une feuille et écris en français trois phrases d'au moins cinq mots avec une négation.
– Coupe les phrases en morceaux (*in stukjes*) et donne les morceaux à ton voisin.
– Il/Elle met les morceaux dans le bon ordre et fait trois phrases correctes.

32 **Décris les images.**

– Bekijk het knipvel op pagina 193. Zet door vijf foto's een kruis.
– Kies acht foto's en schrijf één Franse zin per foto op een los blaadje. Let op: Staat er een kruis door de foto, dan schrijf je een ontkennende zin. Anders schrijf je een bevestigende zin.

EN LIGNE Apprends H à la page 113. Utilise aussi «Slim stampen» et la *Boite à Gram*.

VOCABULAIRE

Leer de woorden in de witte blokken beide kanten op, dus Frans-Nederlands en Nederlands-Frans. De woorden in de blauwe blokken leer je alleen Frans-Nederlands.

↻ De woorden waar dit symbool achter staat, zijn herhaling uit jaar 1 en 2 of uit eerdere hoofdstukken van jaar 3.

EN LIGNE Slim stampen

A

Français ←→	Néerlandais
la sortie	het uitstapje
la plage ↻	het strand
l'argent de poche *m*	het zakgeld
le voisin	de buurman
la caissière	de kassière
le vendeur	de verkoper
le serveur	de ober
le casque	de koptelefoon
compliqué(e)	ingewikkeld
autre ↻	andere
cher, chère ↻	duur
bientôt ↻	binnenkort
si ↻	als
par exemple	bijvoorbeeld
dommage ↻	jammer

Français ←→	Néerlandais
gagner de l'argent	geld verdienen
dépenser ↻	uitgeven
payer ↻	betalen
faire des économies	sparen
augmenter	verhogen
refuser ↻	weigeren
avoir besoin (de) ↻	nodig hebben
travailler ↻	werken
sortir un chien	een hond uitlaten
faire la vaisselle ↻	afwassen
faire du baby-sitting	oppassen
remplir les rayons	vakken vullen
j'avais ↻	ik had
je dois ↻	ik moet
j'aimerais	ik zou het leuk vinden

B

Français ←→	Néerlandais
le portemonnaie	de portemonnee
la monnaie	het kleingeld
le nombre	het aantal
l'avenir *m*	de toekomst
le bonbon	het snoepje
les lunettes de soleil *v* ↻	de zonnebril
l'hiver *m* ↻	de winter
l'été *m* ↻	de zomer

Français ←→	Néerlandais
la chose ↻	het ding
généreux, -euse	gul
gratuit(e)	gratis
pendant ↻	tijdens
connaitre ↻	kennen
apprendre ↻	leren
acheter ↻	kopen
demander ↻	vragen

Français →	Néerlandais
utile	nuttig
vide	leeg
alors que	terwijl
même ↻	zelfs

Français →	Néerlandais
prêter	lenen (aan iemand)
profiter	genieten
s'amuser	zich vermaken
compter ↻	tellen

E

Français ↔	Néerlandais	Français ↔	Néerlandais
○ blanc, blanche	○ wit	○ en bois	○ van hout
○ noir(e)	○ zwart	○ en métal	○ van metaal
○ rouge	○ rood	○ en tissu	○ van stof
○ jaune	○ geel	○ en plastique	○ van plastic
○ bleu(e)	○ blauw	○ en verre	○ van glas
○ vert(e)	○ groen	○ rond(e)	○ rond
○ orange	○ oranje	○ carré(e)	○ vierkant
○ violet(te)	○ paars	○ lourd(e)	○ zwaar
○ rose	○ roze	○ léger, légère	○ licht

F

Français ↔	Néerlandais	Français ↔	Néerlandais
○ la mémoire	○ het geheugen	○ marcher	○ lopen
○ la pièce	○ de kamer	○ quitter	○ verlaten
○ la condition	○ de voorwaarde	○ fermer	○ sluiten
○ la vie	○ het leven	○ apprécier	○ waarderen
○ la frontière	○ de grens	○ enfin	○ (uit)eindelijk
○ un tiers	○ een derde (deel)	○ plus tard	○ later
○ la faute	○ de schuld	○ tout le monde	○ iedereen
○ le vent	○ de wind	○ sur	○ op

Français →	Néerlandais	Français →	Néerlandais
○ l'expérience *v*	○ het experiment	○ il y avait	○ er was/waren
○ le cerveau	○ de hersenen	○ ça arrive	○ het overkomt
○ la patience	○ het geduld	○ je vis	○ ik leef
○ scientifique	○ wetenschappelijk	○ pratiquer	○ (be)oefenen

Notes

PHRASES-CLÉS

C Parler d'argent

○ Krijg jij zakgeld?	○ Tu as de l'argent de poche?
○ Ja, ... euro per *maand*.	○ Oui, ... euros par *mois*.
○ Nee, maar ik heb een bijbaantje.	○ Non, mais j'ai un petit boulot.
○ Wat doe je ermee?	○ Qu'est-ce que tu fais avec?
○ Ik koop *kleren*.	○ J'achète *des vêtements*.
○ Ik betaal *mijn telefoonabonnement*.	○ Je paye *mon abonnement de téléphone*.
○ Ik ga naar *de bioscoop*.	○ Je vais *au cinéma*.
○ Spaar jij ook?	○ Tu fais aussi des économies?
○ Ja, om *een scooter* te kopen.	○ Oui, pour m'acheter *un scooter*.

G Décrire quelque chose

○ Heb je *een nieuwe mobiel*?	○ Tu as *un nouveau portable*?
○ Ja, kijk. *Hij* is *super*.	○ Oui, regarde! *Il* est *super*.
○ Wat doe je ermee?	○ Qu'est-ce que tu fais avec?
○ Ik gebruik het om ...	○ Je l'utilise pour ...
○ Het is handig om ...	○ C'est pratique pour ...
○ Het is *een plastic ding* om ...	○ C'est *un truc en plastique* pour ...
○ Kun je omschrijven ...?	○ Tu peux décrire ...?
○ Het is een soort van ...	○ C'est une sorte de ...
○ Het is *rond*.	○ C'est *rond*.
○ Het is *blauw*.	○ C'est *bleu*.
○ Het is *groot*.	○ C'est *grand*.

Notes / Vocabulaire thématique

GRAMMAIRE

EN LIGNE Regarde les vidéos sur *Grandes Lignes en ligne.*

D De gebiedende wijs

Je gebruikt de gebiedende wijs om een aanwijzing of opdracht te geven of om een voorstel te doen. De vorm die je gebruikt, hangt af van degene aan wie je de opdracht geeft.

Reste à la maison!	**Blijf** thuis!
N'**achetez** pas de chips!	**Koop** geen chips!

Je richt je tot:	vorm van het werkwoord:		
één persoon (jij)	*je*-vorm van de *présent*	**Cherche** un petit boulot!	**Zoek** een baantje!
een groep waar je zelf bij hoort (wij)	*nous*-vormvan de *présent*	**Cherchons** un petit boulot!	**Laten we** een baantje **zoeken!**
meer personen (jullie)/ iemand die je met u aanspreekt (u)	*vous*-vorm van de *présent*	**Cherchez** un petit boulot!	**Zoek** een baantje!

Let op: de gebiedende wijs in de *nous*-vorm is geen aanwijzing of opdracht, maar een voorstel. Je vertaalt het dan ook met: laten we ...

Allons à la plage!	**Laten we** naar het strand **gaan!**

Er is een uitzondering: ***ga*** vertaal je met ***va*** (*en niet vais)* als je je richt tot één persoon.

Va à l'école!	**Ga** naar school!

H De ontkenning

In het Frans bestaat een ontkenning altijd uit twee delen. ***Ne*** of ***n'*** staat vóór het eerste werkwoord van de zin (persoonsvorm) en het tweede deel (***pas, plus*** *...)* direct erna.

Il **n'**a **pas** eu son argent de poche.	Hij heeft zijn zakgeld **niet** gekregen.
Je **ne** veux **plus** aller au cinéma.	Ik wil **niet meer** naar de bioscoop gaan.

ne ... pas	niet	**ne ... rien**	niets
ne ... plus	niet meer	**ne ... pas encore**	nog niet
ne ... jamais	nooit		

De ontkenning van ***c'est*** is ***ce n'est pas***. De ontkenning van ***il y a*** is ***il n'y a pas.***

Ce n'est pas possible.	**Het is niet** mogelijk.
Il n'y a pas de réduction.	**Er is geen** korting.

Na een ontkenning veranderen *un, une, du, de la, de l'* en *des* in ***de/d'***.

Tu as **de l'**argent?	Heb je geld?
Non, je **n'**ai **pas d'**argent.	Nee, ik heb **geen** geld.

Tâche

PARLER
OU ÉCRIRE

Au choix

ON FAIT LES MAGASINS!

Travaillez en groupe. Jouez une scène dans un magasin.
- Vous allez jouer une scène dans un magasin.
- La scène dure au moins quatre minutes.
- Un élève joue le rôle du vendeur. Les autres élèves jouent les clients.
- Tout le monde doit parler. Parlez aussi de vos situations financières (argent, dépenses, économies) et décrivez quelques produits.
- Utilisez les phrases-clés des chapitres 1 à 7.

TIPS
- Choisissez une situation originale.
- Faites un vrai magasin dans la salle de classe. Utilisez par exemple de vrais produits.

SUPER PROMO!

Travaillez à deux. Faites un dépliant (folder).
- Choisissez un centre commercial ou une rue commerçante à Paris ou à Bruxelles.
- Cherchez des photos et donnez quelques informations sur le centre commercial ou la rue commerçante.
- Choisissez deux magasins. Décrivez les magasins et quelques produits.
- Utilisez les phrases-clés des chapitres 1 à 7.

TIP
- Cherchez d'abord des informations sur les centres commerciaux / rues commerçantes à Paris ou à Bruxelles.

Bilan

- ☑ Iemand interviewen *On y va*
- ☑ Vertellen over je vrienden en social media *chapitre 1*
- ☑ Vertellen over je vrije tijd *chapitre 2*
- ☑ Jezelf redden op reis *chapitre 3*
- ☑ Jezelf redden in een restaurant *chapitre 5*
- ☑ Vertellen over jezelf en je gewoontes *chapitre 6*
- ☐ Dingen omschrijven *chapitre 7*

Ça y est!

Complète la fiche d'évaluation.

FICHE D'ÉVALUATION

Inhoud	Wij hebben een scène in een winkel gespeeld.	😀	😐	🙁
	Wij hebben een folder gemaakt.	😀	😐	🙁
Woorden	Wij hebben woorden gebruikt die met geld, producten en omschrijvingen te maken hebben.	😀	😐	🙁
Zinnen	Wij hebben de *phrases-clés* gebruikt en nieuwe zinnen gemaakt door woorden te vervangen.	😀	😐	🙁
	Wij hebben de gebiedende wijs en de ontkenning correct gebruikt.	😀	😐	🙁
Uitspraak	Wij hebben gelet op de uitspraak van de *ai* en *oi*.	😀	😐	🙁
Spelling	Wij hebben de woorden correct gespeld.	😀	😐	🙁

Wat is goed aan de scène in een winkel / de folder en wat kan beter?

Top: ______________________

Tip: ______________________

Klaar voor het proefwerk?
Maak de oefentoets online en volg het studieadvies.

Meer oefenen?
Hoofdstuk 8 is een herhalingshoofdstuk. Je kunt nu aan de slag met opdracht 13 tot en met 18 van hoofdstuk 8.

☑ Dingen omschrijven

CHAPITRE 8

Le pont

In dit hoofdstuk herhaal je de onderwerpen uit hoofdstuk 1 tot en met 7. Je hoeft niet te wachten tot je hoofdstuk 1 tot en met 7 helemaal hebt gemaakt. Je kunt ook tussendoor al opdrachten maken.

Welke opdrachten maak je wanneer?
Na hoofdstuk 5 → opdracht 1 tot en met 6
Na hoofdstuk 6 → opdracht 7 tot en met 12
Na hoofdstuk 7 → opdracht 13 tot en met 18

DELF A2
Dit jaar kun je oefenen met het DELF-examen op A2-niveau. DELF is een officieel erkend diploma Frans. In klas 3 heb je al vanaf het begin op dit niveau van het ERK (Europees Referentie Kader) gewerkt en in opdracht 19 tot en met 25 van dit hoofdstuk maak je kennis met de vraagstelling van DELF.
Vind je het leuk of prettig om eerst met A1 te oefenen, ga dan naar *Grandes Lignes en ligne*. Daar vind je oefeningen voor alle vaardigheden (lezen, luisteren, spreken en schrijven). Het is niet nodig om eerst een A1-diploma te halen voordat je je opgeeft voor niveau A2.

Le plaisir de lire
Ontdek Franse songteksten, strips, grappige gedichten en fragmenten uit boeken.

Chapitres 1 à 5

1 VOCABULAIRE: FRANÇAIS-NÉERLANDAIS

a Traduis les mots soulignés.

1 Quel est ton avis sur ce restaurant? ______
2 Moi, je le trouve plutôt bien. ______
3 Tu sais qu'il a deux étoiles? ______
4 Ça veut dire qu'il est excellent. ______
5 Et il y a une équipe très jeune. ______
6 Ils servent au moins quarante repas par jour. ______
7 Je trouve que tout est délicieux. ______
8 J'ai envie de tout commander. ______

b Écris le bon mot derrière la description. Choisis entre:

chez moi | la tasse | le cuisinier | le fromage | réfléchir | dur | avoir soif

1 On utilise cet objet pour boire du café ou du thé. ______
2 C'est quand tu as envie de boire. ______
3 C'est à manger. Par exemple: du camembert, du brie ... ______
4 C'est une personne qui travaille dans un restaurant. ______
5 C'est le contraire de *facile*. ______
6 C'est un synonyme d'*à la maison*. ______
7 C'est un synonyme de *penser*. ______

c Complète le tableau.

le fromage | le lait | la viande | le couteau | l'eau | l'assiette
le jus d'orange | la fourchette | le verre | le poisson | le bœuf | le café

manger	**boire**	**les couverts (*bestek*)**

2 VOCABULAIRE: NÉERLANDAIS-FRANÇAIS

a Traduis les mots en français.

Salut Hugo,

(1) (*Gaat het goed met jou*) ______________________? Moi, ça va. Hier j'ai été chez ma (2) (*nieuwe*) ______________________ amie Tiphaine. J'étais invitée à (3) (*eten*) ______________________. Mais j'ai attendu très longtemps. D'abord, elle voulait me montrer sa chambre et (4) (*kletsen*) ______________________. Puis, on a fait (5) (*de boodschappen*) ______________________. Quand on a (6) (*uiteindelijk*) ______________________ mangé, il était neuf heures. J'avais vraiment très (7) (*honger*) ______________________! On a mangé du (8) (*vis*) ______________________. C'était délicieux!

(9) (*Tot later*) ______________________,

Léa

b Regarde l'image et écris le plus de mots possible en français.

____

____

____

____

c Complète les phrases avec les mots en français. Choisis entre:

baantje | beste vriendin | werkt | een auto | op de sportclub | grappig | heeft nodig

1 Tu connais Alix? C'est ma ______________________________. Elle a 18 ans.
2 J'ai rencontré Alix ______________________________.
3 Elle est drôle. Elle est ______________________________
4 Elle a trouvé un ______________________________.
5 Elle ______________________________ dans un restaurant.
6 Elle ______________________________ d'argent.
7 Elle veut s'acheter ______________________________.

3 PARLER

a Lis, écoute et répète les phrases. Fais attention à la prononciation de la lettre *s* à la fin des mots.

1 J'ai des souris grises.
2 Nous avons aussi trois chiens.
3 Ils sont noirs et blancs.
4 Mes amis ont des chats.
5 Et toi, tu as des animaux?

b Choisis: le client est content ou pas content?

	content	pas content
1 Je n'ai pas commandé de poulet.	○	○
2 C'est délicieux.	○	○
3 Je n'ai pas de verre.	○	○
4 Il y a une erreur.	○	○
5 Ma viande est froide.	○	○

c Travaillez à deux. Cherchez un menu sur Internet et jouez le dialogue. Puis changez de rôle.

A
– (*Vraag wat hij/zij wil drinken.*)
– (*Vraag wat hij/zij neemt.*)
– (*Vraag of hij/zij ook een toetje neemt.*)
– (*Stel voor om te gaan bestellen.*)

B
– (*Geef antwoord.*)
– (*Geef antwoord.*)
– (*Geef antwoord.*)
– (*Vertel dat je honger hebt.*)

4 LES VERBES

a Complète les phrases avec le verbe *venir* au présent comme dans l'exemple.

1 Je suis néerlandais. Je viens ______________ des Pays-Bas.

2 Mario est italien. Il ______________ d'Italie.

3 Andrew et Harry sont anglais. Ils ______________ d'Angleterre.

4 Nous sommes canadiens. Nous ______________ du Canada.

5 Vous êtes belges. Vous ______________ de Belgique.

6 Et toi? Tu ______________ d'où?

b Complète les phrases avec le verbe *venir* au passé composé.

ATTENTION Bij *venir*, gebruik je *être* als hulpwerkwoord. Je kunt dus een extra *e/s* krijgen na het voltooid deelwoord.

1 Mon père ______________ ______________ en voiture.

2 Ma sœur ______________ ______________ à vélo.

3 Mes cousins ______________ ______________ en bus.

4 Emma et Laura ______________ ______________ en train.

5 Arthur et Alexandra ______________ ______________ en métro.

c Travaillez en groupe: *Jeu des sept familles.* Jullie gaan je eigen kwartetspel maken.

- Fais des cartes avec sept verbes: avoir, être, aller, faire, pouvoir, vouloir et venir.
- Fais quatre cartes par verbe. Écris sur chaque carte quatre formes différentes du présent comme dans l'exemple.
- Puis joue au jeu des sept familles avec ton groupe.

5 GRAMMAIRE

a Choisis le bon mot.

1 J'achète souvent *du / de la / des* fruits.

2 J'adore *le / de la / les* fraises.

3 Je suis capable de manger un kilo *de / d' / des* fraises.

4 Et je mange beaucoup *du / de la / de* chantilly *(slagroom)* avec.

5 Par contre, je déteste *la / des / les* framboises.

b Regarde la liste des courses puis écris cinq phrases avec: *du*, *de la*, *de l'*, *des*, *de* ou *d'*. Essaie de varier le début de chaque phrase.

J'ai besoin d'un litre de lait.

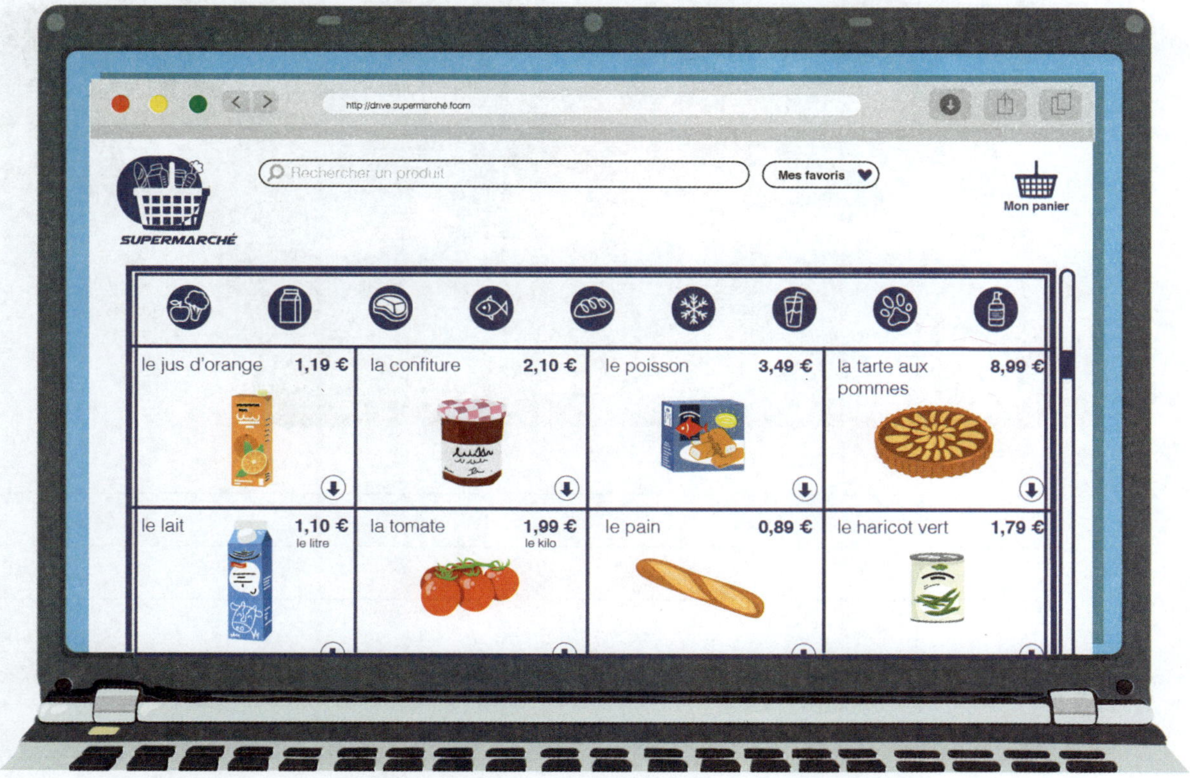

c Traduis.

1 Ik eet vis. ______

2 Ik heb liever vlees. ______

3 Ik koop veel kaas. ______

4 Ik wil een glas water. ______

5 Ik neem friet. ______

6 ÉCRIRE

Décris l'image en au moins huit phrases. Parle du restaurant et de la situation. Tu peux utiliser un dictionnaire.

______

______

______

______

______

______

______

______

Chapitres 1 à 6

7 VOCABULAIRE: FRANÇAIS-NÉERLANDAIS

a Combine. Il y a deux mots en trop.

1 J'ai l'habitude d'aller en Angleterre.
2 J'y vais chaque année.
3 Donc je parle couramment anglais.
4 J'aime les environs de Londres.
5 On a toujours un hôtel dans la banlieue.
6 Le problème en Angleterre, c'est la pluie.
7 Il pleut en moyenne 100 jours par an.
8 Si tu vas à Londres, prends un parapluie.

A de omgeving
B vloeiend
C de regen
D het cijfer
E gemiddeld
F als
G het eindexamen
H ieder
I ben gewend
J de buitenwijk

1	
2	
3	
4	
5	
6	
7	
8	

b Fais des paires.

le travail | l'avion | les études | venir | le bateau | le petit boulot | dormir | menacer | rêver | protéger | quitter | le bac

1 ______________ – ______________
2 ______________ – ______________
3 ______________ – ______________
4 ______________ – ______________
5 ______________ – ______________
6 ______________ – ______________

c Cherche l'intrus. Souligne le mot et explique.

1 la boite – le lait – la tasse – le verre
omdat: ______________
2 le cuisinier – l'endroit – le métier – le vétérinaire
omdat: ______________
3 l'avion – la destination – la neige – le voyage
omdat: ______________
4 agréable – courageux – dingue – mignon
omdat: ______________
5 avoir le sens de l'humour – râler – rigoler – rire
omdat: ______________

8 VOCABULAIRE: NÉERLANDAIS-FRANÇAIS

a **Cherche la traduction des mots dans les mots cachés, complète le tableau et réponds à la question.**

mot	traduction
	volwassen
	vertrouwen
	weigeren
	toch
	gebroken
	vrouw
	missen
	doel
	eindelijk
	eindexamen
	onder
	woord
	hard, moeilijk

Ç	A	D	U	L	T	E	A	C
F	M	C	A	S	S	É	P	O
E	R	E	B	U	T	F	O	N
M	E	R	A	T	E	R	U	F
M	F	D	U	R	A	I	R	I
E	U	T	S	O	U	S	T	A
B	S	E	N	F	I	N	A	N
A	E	P	L	M	O	T	N	C
C	R	A	I	S	I	R	T	E

Welke zin kun je maken met de overgebleven letters? ____________________

Wat betekent deze zin? ____________________

b **Jouez ensemble: *Le petit bac*. Complétez le tableau comme dans l'exemple.**

- Maak een tweetal of een groepje.
- Jullie docent noemt een letter. Vul in elke kolom een woord in het Frans in dat met die letter begint. Jullie mogen geen woordenboek gebruiken.
- De groep die als eerst alles heeft ingevuld, laat het aan de docent zien en krijgt een punt per goed woord.
- De groep met de meeste punten wint.

Le petit bac

lettre	mot	verbe	adjectif	faune/flore/ fruit/légume	géographie	points
A	argent	aimer	amoureux	ananas	Angleterre	5
					GL6-3hv-B8-06	

c Écris trois mots en français par catégorie.

voyager	boire et manger	métier	caractère

9 PARLER

a Écoute et choisis: masculin ou féminin?

	1	2	3	4	5	6	7	8
masculin								
féminin								

b Travaillez à deux. Dites une phrase à tour de rôle. Faites le plus de phrases possible.

Je me lève à | *sept heures.*
…

J'aime | *sortir* | avec *mon meilleur copain.*
… | avec …

c Travaillez à deux: présentez-vous en au moins huit phrases. Vous pouvez utiliser les thèmes suivants. Utilisez les phrases-clés des chapitres 1 à 6.

famille | amis | caractère | réseaux sociaux | habitudes | nourriture préférée | école | sport | passetemps | weekend | cuisiner | télé | séries | vacances | voyages

10 LES VERBES

a Complète le tableau au présent. Les verbes sont réguliers.

donner	finir	vendre
je ______	je ______	je ______
tu ______	tu ______	tu ______
il, elle ______	il, elle ______	il, elle ______
on ______	on ______	on ______
nous ______	nous ______	nous ______
vous ______	vous ______	vous ______
ils, elles ______	ils, elles ______	ils, elles ______

b Complète les phrases avec le bon verbe au présent. Choisis entre:

avoir | être | aller | venir | pouvoir

1 Tu ______ chez moi ce soir?

2 Non, je ne ______ pas venir.

3 Je ______ malade.

4 Et j'______ de la fièvre.

5 Je ______ voir le docteur demain.

c Complète les phrases avec le bon verbe au présent, au passé composé ou au futur proche.

ATTENTION Weet je nog? De *futur proche* bestaat uit een vorm van *aller* en een heel werkwoord. Je *vais regarder* la télé. (*Ik ga tv kijken.*)

1 En ce moment, je (*être*) ______ en vacances. C'est super!

2 Hier, j'(*faire*) ______ les magasins avec ma sœur.

3 On (*acheter*) ______ de nouveaux vêtements. C'était sympa!

4 Et aujourd'hui, mon copain Axel (*être*) ______ chez moi.

5 Nous (*jouer*) ______ à la console. On adore ça!

6 Et demain, ma cousine (*venir*) ______ chez moi.

7 Elle (*rester*) ______ trois jours. Ça va être génial!

11 GRAMMAIRE

a Regarde l'image et complète les phrases. Il y a deux comparaisons en trop. Choisis entre:

plus petite que | plus grand que | plus petite qu' | plus grand qu' | plus grands que | moins grandes que | plus petits qu' | moins grands que

1 Emma est ______________________ Arthur.
2 Pauline est ______________________ Lucas.
3 Lucas et Arthur sont ______________________ les filles.
4 Lucas est ______________________ Arthur.
5 Pauline et Emma sont ______________________ Lucas.
6 Emma et Arthur sont ______________________ Lucas.

b Mets les mots dans le bon ordre.

1 est – plus – mon meilleur ami – intelligent – ma sœur – que

____

2 on – beaucoup de – en France – mange – croissants

____

3 néerlandaise – ma copine – sportive – que – est – moins – moi

____

4 Adam – souvent – font – et – Alex – du foot

____

5 à Paris – déjà – Laura – est – allée

____

c **Travaillez à deux. Lisez la description et devinez qui je suis. Puis écrivez deux descriptions.**

Je suis un animal. Je vis dans la mer. Je suis plus grand qu'un poisson. Je suis aussi plus dangereux qu'un poisson. J'ai des grandes dents. Parfois, j'attaque les hommes.
Qui suis-je? ______________________

Écris maintenant deux descriptions en français. Utilise au moins une comparaison. Fais aussi attention à l'ordre des mots. Puis donne tes descriptions à ton voisin pour qu'il devine.

1 ____

____

2 ____

____

12 ÉCRIRE

Écris un mail d'au moins 50 mots pour te présenter.

- Je doet mee aan een project met een Belgische school. Je hebt het e-mailadres van een Belgische leerling van je docent Frans gekregen.
- Schrijf een mail waarin je je uitgebreid voorstelt. Vertel over jezelf, je woonplaats, je huis, je kamer, je familie, je vrienden, je hobby's ...
- Gebruik een keer een vergelijking en let op de woordvolgorde.
- Vergeet niet de mail af te sluiten.

Salut ______________________

____

Chapitres 1 à 7

13 VOCABULAIRE: FRANÇAIS-NÉERLANDAIS

a Choisis les bonnes réponses. Il y a plusieurs réponses possibles.

1 Wat is geen karaktereigenschap?
A ○ drôle
B ○ derrière
C ○ sympa
D ○ timide

2 Wat vind je in een keuken?
A ○ le couteau
B ○ la fourchette
C ○ le métier
D ○ la vitesse

3 Welke woorden drukken iets negatiefs uit?
A ○ ennuyeux
B ○ nul
C ○ passionnant
D ○ terrible

4 Wat kun je vullen met water?
A ○ le couteau
B ○ la bouteille
C ○ la tasse
D ○ le verre

5 Wat hoort bij vriendschap?
A ○ la banlieue
B ○ la confiance
C ○ rire
D ○ s'amuser

6 Wat kan in een portemonee?
A ○ l'argent
B ○ l'été
C ○ la monnaie
D ○ le vent

7 Wat kun je doen met geld?
A ○ acheter
B ○ dépenser
C ○ faire des économies
D ○ fermer

8 Hoe kun je *un magazine* omschrijven?
A ○ en papier
B ○ en verre
C ○ léger
D ○ lourd

9 Wat kan *blanc* zijn?
A ○ les cheveux
B ○ la neige
C ○ le sel
D ○ l'or

10 Welke werkwoordsvormen geven een verleden tijd aan?
A ○ c'était
B ○ j'avais
C ○ je dois
D ○ je pourrai

b Choisis le bon connecteur (*signaalwoord*).

1 Je suis malade. *Donc / Parce que / Puis*, je ne peux pas aller au festival.

2 C'est dommage *car / enfin / pourtant* mon artiste préféré Gims va venir chanter.

3 Je suis fan *d'abord / depuis / donc* 5 ans.

4 J'adore ses chansons *c'est pourquoi / parce que / mais* je trouve qu'il a une belle voix.

5 *Donc / Mais / Puis* je n'aime pas sa dernière chanson, il y a trop de rap pour moi.

6 Je préfère ses chansons latines. *Enfin/ Par exemple / Pourtant* «Bella».

c Lis les descriptions et complète les phrases avec le bon mot. Choisis entre:

le vendeur | la réussite | rouge | l'été | la viande | le vétérinaire

1 C'est un synonyme de *succès*: ______________________.

2 Tu n'en manges pas si tu es végétarien: ______________________.

3 C'est un métier. C'est un docteur pour animaux: ______________________.

4 C'est la couleur d'une tomate: ______________________

5 C'est la saison en juillet et en aout: ______________________

6 C'est une personne qui travaille dans un magasin: ______________________

14 VOCABULAIRE: NÉERLANDAIS-FRANÇAIS

a Traduis les mots en français et fais les mots croisés.

1 hout
2 vliegtuig
3 sneeuw
4 plek
5 paars
6 betalen
7 toekomst
8 andere
9 wereld

Quel est le mot dans la colonne grise? ____

Qu'est-ce que ça veut dire? ____

b Jouez.

- Utilisez le jeu à la page 195.
- Faites un groupe de 3 à 4 élèves.
- Utilisez un dé et des pions.
- Répondez aux questions en français.
- Si ta réponse est correcte, reste où tu es. Sinon, retourne à ta place.
- Jouez à tour de rôle.
- Le premier élève qui arrive à *Arrivée* a gagné.

★ **c Écris le contraire en français.**

1 difficile – ______________________
2 après – ______________________
3 vieux – ______________________
4 sous – ______________________
5 gagner de l'argent – ______________________
6 lourd – ______________________

15 PARLER

a Choisis les mots qu'on peut utiliser pour décrire un objet.

1 ○ bienvenue
2 ○ blanc
3 ○ en bois
4 ○ carré
5 ○ couramment
6 ○ en plastique
7 ○ quelqu'un
8 ○ rond
9 ○ rouge
10 ○ en verre

b Travaillez à deux. Décris l'objet ou l'appli à tour de rôle.

c Travaillez à deux: jeu *Ni oui, ni non*.

– Stel een Franse vraag aan je klasgenoot.
– Hij/Zij geeft antwoord, maar mag niet *oui* of *non* zeggen.
– Gebruik de *phrases-clés* van chapitres 1 tot en met 7.
– Wissel daarna van rol.
– Wie houdt het het langst vol?

16 LES VERBES

a Regarde l'exemple et cherche la bonne traduction dans les mots cachés.

1	ik ben	o	n	j	e	t	u	s	u	i	s	e	s	t
2	wij komen	v	n	o	u	s	j	e	v	e	n	o	n	s
3	hij wil	i	l	o	n	v	e	u	t	i	v	e	u	x
4	wij hebben	e	l	l	e	o	n	a	n	o	u	s	i	s
5	jullie kunnen	v	o	u	s	p	u	p	o	u	v	e	z	p
6	jij doet	j	e	t	u	n	o	u	s	f	a	i	s	e
7	zij gaat	i	l	e	l	l	e	s	v	a	v	o	n	t
8	zij nemen	e	l	l	e	s	p	r	e	n	n	e	n	t

b Travaillez à deux: *Jeu des dés*.

- Gooi de eerste keer de dobbelsteen om het onderwerp te bepalen.
- Gooi een tweede keer de dobbelsteen om het werkwoord te bepalen.
- Vervoeg het werkwoord in de *présent* en in de *passé composé*. Als het goed is, krijg je een punt.
- De leerling met de meeste punten wint.

⚀	⚁	⚂	⚃	⚄	⚅
je	tu	il/elle/on	nous	vous	ils/elles
parler	choisir	vendre	avoir	être	prendre

c Travaillez à deux: *Jeu des dés*. Utilisez de nouveau le jeu de l'exercice 16b. VARIATION

- Net als in opdracht 16b, gooi je twee keer met de dobbelsteen om het onderwerp en het werkwoord te bepalen.
- Kies een tijd: *présent* of *passé composé*.
- Schrijf een Franse zin van minimaal zes woorden met het gegeven werkwoord.
- Iedere correcte zin levert een punt op.
- De leerling met de meeste punten wint.

d **Fais des phrases comme dans l'exemple. Utilise l'impératif.**

1 Tu dois faire du sport. Fais du sport!

2 Tu dois manger des légumes. ____

3 Nous devons aller au collège. ____

4 Vous devez choisir un dessert. ____

5 Tu dois téléphoner à tes parents. ____

6 Nous ne devons pas râler. ____

7 Vous devez venir tous les jours. ____

17 GRAMMAIRE

a **Fais des phrases négatives comme dans l'exemple.**

1 Il est malade (*nooit*).

Il n'est jamais malade.

2 Nous allons chez notre tante (*niet meer*).

____

3 C'est possible (*nog niet*).

____

4 Elle est allée à la piscine (*nooit*).

____

5 En France, on peut prendre le TGV (*niet*).

____

b **Réponds aux questions comme dans l'exemple.**

1 Tu as de la mayonnaise?

Non, je n'ai pas de mayonnaise.

2 Ce restaurant est réputé?

Non, ce restaurant ____

3 C'est cher?

Non, ce ____

4 Tu veux un café?

Non, je ____.

5 Tu veux manger une glace?

Non, je ____

c Traduis.

1 Ik werk niet meer.

2 Ik heb geen geld.

3 Ik kan niets kopen.

4 Ik kan mijn abonnement nog niet betalen.

5 Er is geen oplossing.

18 ÉCRIRE

Tu cherches un petit boulot. Tu as lu la petite annonce. Complète le mail. Écris au moins 50 mots.

- Stel jezelf voor: naam, leeftijd, nationaliteit.
- Vertel dat je vloeiend Nederlands en Engels spreekt en dat je een beetje Frans spreekt.
- Vertel over je ervaring. Bedenk zelf iets, bijvoorbeeld dat je jongere broers of zussen hebt.
- Vertel waarom je graag in Parijs zou willen werken.
- Bedenk zelf nog een vraag.
- Sluit je mail af.

Petite annonce

Nous cherchons une babysitter, fille ou garçon, pour notre fille de 2 ans pour cet été.
Nous cherchons quelqu'un qui parle anglais. Il est possible de dormir chez nous.
Période: du 15 au 31 juillet.
Ville: Paris
Âge: plus de 14 ans

Madame, Monsieur,
J'ai lu votre petite annonce dans le journal. Je suis intéressé(e) par le travail de baby-sitter.

Cordialement,

DELF A2

In dit gedeelte ga je oefenen met lezen en spreken.

COMPRÉHENSION DES ÉCRITS

Bij leesvaardigheid heb je 30 minuten om vragen te maken bij verschillende teksten: een bericht/mail, een folder, een programma, instructies, recepten, enzovoorts.

19 a **Lisez le tuyau.**

TUYAU Een tabel invullen

Bij één van de opdrachten moet je een tabel invullen over een paar korte teksten.
Zo pak je het aan:

1. Lees eerst de algemene opdracht die boven de tekst(en) staat. Onderstreep de kernwoorden.
2. Lees vervolgens de opdracht boven de tabel. Je moet meestal stellingen combineren met de juiste tekst. Soms blijven er stellingen over.
3. Lees ten slotte de stellingen in de tabel en onderstreep ook hierin de kernwoorden. Zoek de bijpassende tekst en vul de tabel in.

b **Lisez l'exerice DELF 1 et répondez aux questions.**

ATTENTION Je gaat eerst oefenen met de aanpak. Daarna ga je de opdracht verder uitvoeren.

1. Onderstreep de kernwoorden in de opdracht bij *Exercice DELF 1*.
2. Lees nu de opdracht bij de tabel. Wat moet je doen? ____________________

   ____
3. Hoeveel stellingen blijven over? ____________________
4. Lees nu de eerste stelling in de tabel en onderstreep daarin de kernwoorden. Wat betekenen deze woorden? ____________________
5. Zoek nu de tekst die bij de stelling hoort. Welk document is het? ____________________

c **Complétez maintenant l'exercice DELF 1. Suivez les étapes du tuyau.**

EXERCICE DELF 1: Vous êtes en vacances avec votre famille. Vous voulez choisir des activités pour chacun de vous. Vous lisez ce programme sur le site de tourisme de Montpellier.

Accueil | Sites | Loisirs

Tourisme à Montpellier

DOCUMENT 1
Un Escape Game bien original qui regroupe différents thèmes de films d'horreur connus. Réservez dès maintenant!

DOCUMENT 2
Goûtez au plaisir d'une visite guidée du centre historique de Montpellier et découvrez des lieux habituellement inaccessibles au public!

DOCUMENT 3
Stage de peinture sur porcelaine, organisé par l'association Bergamote.

DOCUMENT 4
Le Petit Paradis est un parc animalier et de jeux pour enfants: balades à poney, location de barques ou de pédalos. Top sortie en famille.

DOCUMENT 5
Visites guidées gourmandes à vélo pour découvrir les plus beaux paysages de Camargue avec une dégustation des meilleures spécialités de la région.

DOCUMENT 6
La Famourette vous propose des soirées musicales variées: Jazz, Groove, Créole, Antilles, Funk, Brésil, Cuba, Blues, Rock, Country, Salsa, Malgache, Swing, ...

À quelle personne allez-vous proposer chaque activité?
Attention: il y a 8 personnes mais seulement 6 documents (2 personnes ne sont associées à aucun document). Écrivez le numéro du document.

personnes	document numéro
A Votre oncle et votre tante aiment découvrir la gastronomie de Montpellier.	
B Vos petits cousins Ali et Samira aiment les animaux.	
C Vos cousins Zoé et Léo sont fous de cinéma.	
D Votre cousine Liane est très créative et aime l'art.	
E Votre sœur et vous aimez les défis et les sensations fortes.	
F Vos parents aiment les vieux monuments.	
G Vos grands-parents aiment faire des promenades à pied dans la nature.	
H Votre cousin Mathis aime découvrir la musique d'autres pays.	

20 a **Lisez le tuyau.**

TUYAU Juist/onjuist-vragen

Bij juist/onjuist-vragen moet je nagaan of stellingen kloppen of niet.
Zo pak je het aan:
1 Lees de stellingen goed door en onderstreep de kernwoorden.
2 Markeer in de tekst de zinnen die over deze bewering gaan en lees ze nauwkeurig door.
3 Vergelijk deze zinnen met de bewering zelf en kies je antwoord: *vrai of faux*.

b **Lisez l'exercice DELF 2 et répondez aux questions.**

1 Onderstreep de kernwoorden in de eerste stelling bij *Exercice DELF 2*. Wat betekenen deze woorden? ______________________

2 Markeer in de tekst de zinnen die horen bij de eerste stelling.

3 Vergelijk de onderstreepte kernwoorden in de stelling en de zinnen die je hebt gemarkeerd. Is de stelling waar of niet waar? ______________________

c **Complétez maintenant l'exercice DELF 2 et suivez les étapes du tuyau.**

EXERCICE DELF 2: Vrai ou faux? Cochez la bonne réponse.

		vrai	faux
1	La visite du Stade de France est libre.	○	○
2	En semaine, la visite guidée est possible l'après-midi seulement.	○	○
3	On peut visiter des endroits normalement interdits au public.	○	○
4	Le guide parle uniquement des évènements sportifs.	○	○
5	Les personnes handicapées ne peuvent pas faire la visite.	○	○

VISITE GUIDÉE DES COULISSES DU STADE DE FRANCE

La France

ON AIME: vous visitez des zones normalement interdites au public
TARIF: 10 € pour les enfants et 15 € pour les adultes
GRATUIT: pour les moins de 5 ans!

CETTE VISITE DONNE ACCÈS:

- aux vestiaires de l'équipe de France
- aux loges privées des VIP
- au tunnel emprunté par les joueurs avant de rentrer en scène
- au musée du Stade de France: maillots dédicacés, archives, guitares et objets qui ont marqué l'histoire du stade

Un guide vous racontera l'histoire du stade, sa construction, ses évènements (sportifs et autres) et vous donnera des anecdotes amusantes et insolites sur le stade.

PLUS D'INFOS SUR LA VISITE GUIDÉE:

Toute l'année (sauf en cas de fermeture exceptionnelle du Stade de France ou en cas d'évènements particuliers)
Créneaux horaires
- du lundi au vendredi: 16h00
- Samedi et dimanche: 11h00 + 14h00 + 16h00

Durée: 90mn
Distance parcourue: environ 1km
Idéal dès 5/6 ans

ACCESSIBILITÉ:

La visite est accessible aux personnes à mobilité réduite.

21 **EXERCICE DELF 3: Vous trouvez cette recette sur Internet. Pour répondre aux questions, cochez la bonne réponse.**

www.larecette.net | Profil | Amis | Réseaux | Messages

Préparation: 10mn

Cuisson: 15mn

Ingrédients (pour 32 madeleines)

3 oeufs
150 g de sucre
200 g de farine
2 cuillères à soupe d'eau de fleur d'oranger
8 g de levure chimique
100 g de beurre fondu

Préparation

Préchauffer le four à 170°C.
Mélanger le sucre et les œufs pour obtenir une pâte blanche.
Ajouter la farine, la levure et l'eau de fleur d'oranger puis mélanger.
Enfin, ajouter le beurre et bien mélanger.
Beurrer les moules à madeleines. Remplir les moules aux 2/3.
Mettre au four 15 minutes.

		vrai	faux
1	Cette recette ne convient pas aux débutants.	○	○

2 Dans cette recette, vous avez besoin de ...

A ○

B ○

C ○

3 Le temps de préparation de la recette est ...
A ○ aussi
B ○ moins ... long que la cuisson au four.
C ○ plus

22 **EXERCICE DELF 4: Vous êtes en France pour un échange scolaire. Vous lisez cette annonce sur le site de votre collège d'accueil. Pour répondre aux questions, cochez la bonne réponse.**

www.paris.edu Profil | Amis | Réseaux | Messages

Avis à tous les élèves!
Le CSE (Club Socio-Educatif) n'a pas encore de logo. C'est pourquoi un grand concours est organisé du mercredi 1er février au mardi 27 février.

- Vous voulez participer? Commencez par vous inscrire! La fiche d'inscription est disponible à la Vie Scolaire. Vous pouvez également la télécharger ici.
- Dessinez un logo sur une feuille A5, en couleurs ou non.
- Donnez votre dessin à Madame Morisset ou à Madame Morin au plus tard le 27 février prochain.

Le 6 mars, il y aura une exposition de tous les logos. Et tous les élèves pourront voter pour leur logo préféré. Les résultats du concours seront annoncés deux jours après. Le gagnant du concours gagnera un prix qui sera remis le même jour.

MERCI A TOUS POUR VOTRE PARTICIPATION!!!

1 Cette annonce est destinée ...
A ○ aux élèves seulement
B ○ aux professeurs seulement
C ○ aux élèves et aux professeurs

		vrai	faux
2	La fiche d'inscription n'est disponible qu'à la Vie Scolaire.	○	○
3	On est libre de choisir les couleurs pour le logo.	○	○
4	Seuls les élèves peuvent voter pour leur logo favori.	○	○

5 Les résultats du concours seront publiés
A ○ le 27 février
B ○ le 6 mars
C ○ le 8 mars

PRODUCTION ORALE

Spreekvaardigheid bestaat uit drie onderdelen en duurt in totaal zes à acht minuten. In het eerste onderdeel stel je jezelf voor. Daarna vertel je iets over een onderwerp (monoloog). Als laatste doe je een rollenspel met de examinator.

23 a **Lisez le tuyau.**

TUYAU Een gesprek voeren

Het is belangrijk om te laten zien dat je de beleefdheidsvormen kent en dat je écht een gesprek kunt voeren. Denk daarbij aan de volgende dingen:

1. Groet en neem afscheid (*Bonjour monsieur/madame, au revoir/bonne journée*); begin niet te praten vanuit het niets.
2. Gebruik de *vous-vorm* tijdens het gesprek met de examinator.
3. Blijf Frans praten, ook als je er even niet uitkomt: probeer het woord te omschrijven en maak desnoods gebaren.
4. Vraag in het Frans om uitleg of herhaling: *Excusez-moi, je n'ai pas compris la question. / Pouvez-vous répéter s'il vous plait? / Vous pouvez parler plus lentement, s'il vous plait?*

b **Travaillez à deux. Décrivez à tour de rôle les choses suivantes:**

de bakker | het station | het feest | de fiets | de onderbouw (school) | een kledingkast

Exemple: *de bakker* Ici, on achète des croissants et du pain. Par exemple Bakker Bart.

c **EXERCICE DELF 1: Travaillez à deux: jeu de rôle. Imaginez un dialogue ensemble et utilisez le tuyau. Parlez (entre autres) de:**

votre famille | votre ville | vos passetemps | votre école | vos animaux

24 a **Complétez. Choisissez entre:**

et | aussi | parce qu' | mais

Je vais parler de mes dernières vacances. Je suis allé en vacances en Bretagne avec mes parents (1) ______________ ma petite sœur. J'ai passé des vacances formidables. On est partis en voiture, le 20 juillet. On est resté deux semaines dans un camping à Saint-Malo. Il a fait très beau, (2) ______________ le dernier jour il a plu un petit peu. J'aime faire du camping (3) ______________ on peut y rencontrer d'autres jeunes. J'ai beaucoup nagé. J'ai (4) ______________ fait du beach volley. C'était super. (5) ______________, je n'ai pas beaucoup aimé la piscine (6) ______________ il y avait trop de monde.

b Lisez l'exercice DELF 2. Répondez aux questions.

ATTENTION Voor de monoloog en het rollenspel trek je van tevoren twee kaarten met opdrachten uit een stapeltje. Je mag deze opdrachten lezen en dan zelf kiezen welke je voor elk onderdeel gaan doen. Je krijgt tien minuten om beide onderdelen voor te bereiden.

1 Welk onderwerp spreekt je het meest aan? ______________________________

2 In welke tijd moet je over dit onderwerp praten? Kruis aan: *présent / futur / passé*.

3 Maak op een los vel een mindmap van het gekozen onderwerp.

EXERCICE DELF 2

Sujet 1
Racontez ce que vous allez faire dimanche prochain (horaires, activités, lieux, personnes).

Sujet 2
Décrivez votre meilleur(e) ami(e) ou vos meilleurs amis. Quelles activités faites-vous ensemble?

c Travaillez à deux. Présentez maintenant à tour de rôle votre sujet choisi. Utilisez des connecteurs (*signaalwoorden*). Votre voisin chronomètre (*houdt de tijd bij van*) votre présentation et pose deux questions supplémentaires.

25 a Lisez le tuyau.

TUYAU Rollenspel met de examinator

Het rollenspel met de examinator gaat altijd over situaties uit het dagelijks leven: iets kopen of bestellen, afspreken, overleggen, etc.
Ga als volgt te werk:

1 Lees de opdracht goed door. Ga na wat de situatie is en wat jouw rol is.
2 Bedenk of je de examinator met *tu* of met *vous* moet aanspreken.
3 Stel je voor welke onderwerpen tijdens het gesprek aan bod zullen komen en welke woorden je daarbij kunt bedenken.
4 Jij bent meestal degene die het gesprek moet beginnen. Luister daarna goed naar de reacties van de examinator, zo weet je namelijk hoe het gesprek verder gaat.

b Lisez l'exercice DELF 3 et répondez aux questions.

1 Welk gespreksonderwerp spreekt je het meest aan? ______________________________

2 Is dit een gesprek in de *tu*- of de *vous*-vorm? ______________________________

3 Schrijf op een los vel op welke vragen je verwacht te krijgen van de ober en schrijf woorden op die je kunt gebruiken tijdens het gesprek.

EXERCICE DELF 3

Sujet 1
Vous êtes en France chez votre ami(e) français(e). Vous allez repartir dans votre pays dans une semaine. Vous voulez organiser une petite soirée d'adieu. Vous discutez de l'organisation: le nombre d'invités, le lieu de la fête, l'horaire, la nourriture et les boissons à acheter, etc. L'examinateur joue le rôle de votre ami français(e).

Sujet 2
Vous êtes en voyage en France avec vos parents. Vous allez manger dans un restaurant, mais vos parents ne parlent pas français. Vous allez commander pour toute la famille. L'examinateur joue le rôle du serveur.

c **Faites maintenant le jeu de rôle avec un 'examinateur': votre prof ou votre voisin.**

Le plaisir de lire

26 LA FRANCE

Réponds en néerlandais.

Stel je voor dat jij bezoekers uit het buitenland mag rondleiden in Nederland. Wat zou je laten zien zodat ze Nederland goed leren kennen?

____

____

27

a Regarde le clip de *Bienvenue chez moi* de Bigflo & Oli sur YouTube. Combine.

1 la Normandie
2 Marseille
3 Paris
4 Montpellier
5 Strasbourg

A la choucroute
B le stade
C la campagne
D la plage
E le stress

1	
2	
3	
4	
5	

b Lis les paroles (*de songtekst*) de *Bienvenue chez moi*. Vrai ou faux?

		vrai	faux
1	Bigflo & Oli zijn in Toulouse geboren.	○	○
2	In het refrein nodigen de zangers je uit om langs te komen.	○	○
3	In Nantes lopen echte olifanten rond in het centrum.	○	○

c Regarde les questions de *Lire à la carte* à la page 152. Choisis deux questions et écris tes réponses en néerlandais. AU CHOIX

____

____

____

____

d Faites un exercice au choix. AU CHOIX

- Schrijf een rap van ongeveer tien regels, net zoals Bigflo & Oli, maar dan over Nederland. Vertel daarin over een provincie, een stad en/of een toeristische attractie. Je mag een bestaande melodie of rap gebruiken. Presenteer je rap live of maak een video en laat die zien aan je klas.
- Er zijn meer zangers die over een land, stad of streek hebben geschreven. Zoals Guus Meeuwis *(Brabant)*, Lynnyrd Skynnyrd *(Sweet Home Alabama)* en Toto *(Africa)*. Misschien ken je zelf ook nog wel een mooi nummer. Luister in een groepje naar een aantal van deze nummers. Welke spreekt jullie het meeste aan en waarom?

BIENVENUE CHEZ MOI – BIGFLO & OLI

ATTENTION Hieronder lees je een deel van de songtekst, aan het eind van het lied. De hele tekst vind je op internet.

[...]J'suis né à Toulouse, forcément j'suis pas vraiment *honnête** — eerlijk
Elle a vu mes premiers pas et m'a porté chaque seconde
Et tu demanderas à *tous ceux qui la connaissent** — iedereen die haar kent
Ils te diront "c'est la plus belle ville du monde!"

[refrain] 2x
Bienvenue chez moi
Que tu viennes d'une grand ville, ou d'un petit village
Faut qu'tu vois ça, ah, ah (ah)
On a les plus belles filles, les plus beaux paysages
Viens faire un tour chez moi
Viens faire un tour chez moi
Viens faire un tour chez moi

Tu sais qu'à Nantes y a un éléphant mais *genre** il est automatisé — soort van
Et il *avance** et tout, genre il bouge dans la ville — hij komt vooruit
Qu'est-ce tu dis frère? Mais *j'te jure** c'est vrai, c'est, un truc — ik zweer je
C'est un éléphant, mais genre un robot éléphant
Ah ouais? *putain**, mais tu- — verdorie
C'est un éléphant, mais un, un robot

28 LA NOURRITURE

Travaillez en groupe. Notez des mots-clés. Brainstorm: waar denken jullie aan bij het woord *ketchup*?

____

____

____

29

a **Lis *Ketchup*. Choisis les caractéristiques du ketchup selon (*volgens*) le poème.**

A ○ Amerikaans
B ○ goedkoop
C ○ overal te koop
D ○ gebruikt in films
E ○ overheersend
F ○ gezond

b **Souligne les bonnes réponses.**

Ketchup is rood als

lippenstift | de planeet Mars | een brandweerwagen | het communisme | bloed

c **Quel lle est la phrase principale (la phrase la plus importante) du poème?**

A ○ Je crache mon sang.
B ○ J'arrose les burgers.
C ○ J'inonde les cultures.

d **Lis vos mots-clés de l'exercice 28. Welke onderwerpen kwamen ook in het gedicht terug?**

____

e **Regarde les questions de *Lire à la carte* à la page 152. Choisis deux questions et écris tes réponses en néerlandais.** AU CHOIX

____

____

____

____

f **Fais un exercice au choix.** AU CHOIX

- Schrijf in het Nederlands een ode (lofdicht) aan de hamburger in twee of drie strofen (alinea's) van vier regels. Het mag een serieus of een grappig gedicht worden.
- Organiseer een proeverij met je klas. In groepjes bereiden jullie thuis een typisch Franse lekkernij (een dessert, een taart, of juist iets hartigs). Neem het mee naar de les en vertel je klasgenoten wat het is voordat jullie het gezamenlijk opeten. Bon appétit!

ALBOUY - KETCHUP

Je reviens d'Amérique
Et joue dans tous les films,
Où je *crache mon sang** — bloed spuug
Sur les plus grands écrans.

Des pôles aux tropiques,
Je suis Roi des fast-food,
J'*arrose** les burgers — overgiet
De dose *anti-maigreur**. — anti-vermagering

Je suis démocratique
Et *non point** communiste, — helemaal niet
Pourtant à mon allure
J'*inonde** les cultures — overspoel

Et notre monde antique
Finira comme Mars,
Une planète rouge
Sans une *âme** qui bouge. — ziel

30 TROUVER LA SOLUTION

Réponds en néerlandais.

In Frankrijk is de BD (*bande dessinée,* stripboek) razend populair. Lees jij weleens stripboeken? Welke vind je leuk of zou je willen lezen, en waarom?

____

____

31

a Regarde les images de la BD *Les énigmes de Léa*. Complète la fiche en néerlandais.

BD – LES ÉNIGMES DE LÉA

tekenstijl: ______________________________

doelgroep: ______________________________

leesdoel: informeren / activeren / amuseren / overtuigen

b Lis le texte, mais <u>ne lis pas la solution</u>. Réponds en néerlandais.

1 In *Léa* lost de lezer op elke pagina een *énigme* (een raadsel) op. Welk raadsel moet je hier oplossen? ______________________________

2 Wat is de oplossing van het raadsel? Geef in de strip aan waar jij de oplossing hebt gevonden. ______________________________

c Lis maintenant la solution de l'énigme et complète la phrase.

Ik had het raadsel *goed / niet goed* opgelost, want ______________________________

d Regarde les questions de *Lire à la carte* à la page 152. Choisis deux questions et écris tes réponses en néerlandais.

AU CHOIX

____

____

____

____

e Faites un exercice au choix.

- Zoek online naar Franstalige strips die wereldberoemd zijn. Verdeel titels over de groep en bestudeer allemaal je 'eigen' strip. Zoek een mooi plaatje van de strip en schrijf voor elke strip een pakkende reclametekst van één à twee zinnen om je groepsgenoten enthousiast te maken. Presenteer dan allemaal je eigen strip. Welke strip spreekt de groep het meeste aan?
- Maak een fotostrip van 4 tot 8 foto's waarin je een grappige situatie laat zien op school. Gebruik hiervoor jullie telefoon en schrijf de tekst erbij met een fotobewerker. Je mag de tekst in het Nederlands of in het Frans schrijven.

LES ÉNIGMES DE LÉA

Solution : Dans la cinquième case, on peut constater que Tatiana tient son livre à l'envers (l'étiquette n'est pas sur la couverture). Il est clair qu'elle a repris précipitamment son roman dès qu'elle a vu ses amis revenir, après avoir remis le téléphone dans le sac de Léa.

palpitant	spannend
doucement	rustig
s'en est servi	heeft hem gebruikt
forfait	beltegoed

32 LA FAMILLE

Combine et remplis le tableau. Tu peux utiliser Internet.

1 Serge Gainsbourg
2 Sham
3 Charlie
4 Bataclan
5 Ibanesh

A Arabische benaming voor een deel van het Midden- Oosten waar veel Syriëgangers streden voor IS.
B Concertzaal in Parijs waar een aanslag werd gepleegd.
C Controversiële Franse zanger.
D Satirisch tijdschrift waar een aanslag werd gepleegd.
E Woord voor politie.

1	2	3	4	5

33

a Lis le texte. Réponds à la question et complète les phrases en néerlandais.

Broer (*Grand frère*) van Mahir Guven gaat over twee volwassen broers die zijn opgegroeid in een *banlieue* van Parijs. De oudste is taxichauffeur. De jongste is verpleger en is van de ene op de andere dag verdwenen. In dit fragment is hij net weer teruggekeerd.

1 Nu zijn broertje is teruggekeerd uit Syrië, staat de oudste broer voor een dilemma. Welk dilemma is dat? ______________________________

____

2 Welke emotie heeft bij de beide broers de overhand? Vul de zinnen aan.

De oudste broer voelt zich ______________, want ______________

____

Ik begrijp dat *wel / niet*, want ______________________________

De jongste broer voelt zich ______________, want ______________

____

Ik begrijp dat *wel / niet*, want ______________________________

b Regarde les questions de *Lire à la carte* à la page 152. Choisis deux questions et écris tes réponses en néerlandais. AU CHOIX

____

____

____

____

c Fais un exercice au choix. AU CHOIX

- In dit fragment zitten we in het hoofd van de oudste broer, die twijfelt over hoe hij deze situatie moet aanpakken. Probeer je nu in te leven in de gevoelens van de jongste broer. Schrijf namens hem een berichtje van ongeveer 70 woorden naar een vriend over hoe hij het gesprek heeft ervaren en hoe hij het vindt om weer terug te zijn in Frankrijk.
- Stel dat er van dit boek een film gemaakt zou worden, hoe zou de filmposter er dan uitzien? Zoek op internet naar extra informatie over het boek en ontwerp de poster op papier of digitaal. Denk ook na over de acteurs die erin mee zouden spelen en over een goede slogan.

MAHIR GUVEN, *BROER*

Ik rookte een peuk voor het eten. Mijn broer zat tegenover me. Ongeleid projectiel. Zandkorrel in mijn geregelde leven. Plotseling opgedoken. Geen waanidee, geen hallucinatie, geen spookbeeld, maar een man van vlees en bloed. Met zijn zwaktes, zijn tegenstrijdigheden, zijn leugens en zijn levensdoel. (...) Wat er ook gebeurde, die ouwe en mijn oma waren mijn enige familie. Ik hoorde het geroddel van de buurt al over mijn broers terugkeer. Sommigen zouden zeggen dat ik hem aan moest geven uit zelfbescherming. Anderen zouden zeggen dat ik hem koste wat kost moest verstoppen.

Hij vroeg om een sigaret. Hij begon te vertellen dat hij wilde stoppen en dat hij daar niet veel had kunnen roken, want die stokken waren duur en moeilijk te krijgen. Toen volgde de rest vanzelf. De hele waarheid kwam eruit. Zijn dagen in Syrië. Hij sprak met de radiostem uit een nachtprogramma. Zacht, langzaam, ernstig. Sigaret na sigaret vertelde hij me over geopolitiek, oorlog, zorg, ondervoede kinderen, maar nooit over zichzelf. Als een soort automatische robot draaide hij zijn softwareprogramma af.

'Wacht effe. Ik snap het niet. Dus je zat in Syrië! Ik wist het. Maar wat heb je in die drie jaar écht gedaan ? Waarom heb je tegen mij gelogen?'

'Wesh, jij denkt de waarheid is makkelijk?'

Hij keek omlaag en werd knalrood.

'Ik was arts.'

'Wat nou arts (...)! Hoe bedoel je, je was arts?'

'Ik heb het vak in de praktijk geleerd, ik had geen keus. Ik was vaak degene met de meeste ervaring.'

In zijn ooghoek glinsterde een traan. Hij stond van tafel op en vroeg nog een sigaret. Terwijl hij uit het raam hing inhaleerde hij diep.

'Dat is nu allemaal voorbij, weet je. Ik wil het weer op de rit krijgen, weer normaal gaan leven. Ik heb een vak, een diploma.'

'Wat praat je? Waar heb je het over?'

'De islam en zo.'

Ik kookte van verlangen hem uit het raam te keilen. Hij had zijn rebelse Serge Gainsbourg-houding aangenomen.

'Ben je gestoord of zo? Je spacet, vriend. Dit heeft niks met de islam te maken. Je bent naar Sham gegaan. Nu kan je het vergeten. Je weet van *Charlie* en de Bataclan. Ibanesh zit overal, die vinden je zo. Je hebt geen idee hoeveel gezeik papa en ik hebben gehad toen je bent vertrokken. Het is gebeurd met je! Jij denkt dat het leven zo werkt? Dat je net als de geest van *Aladdin* met je vingers kan knippen en in wonderland terechtkomt? Dit had je eerder moeten bedenken.'

wesh gast

Exercices au choix

1	Vertel in je eigen woorden waar de tekst over gaat en wat het thema van de tekst is.
2	Wie zijn de hoofdpersonen en wat voor relatie hebben ze met elkaar?
3	Vind je de titel goed passen bij de tekst? Leg je antwoord uit.
4	Spreekt deze tekst je aan? Leg je antwoord uit.
5	Maak een lijstje van vijf onbekende Franse woorden uit de tekst en de Nederlandse vertaling. Kies woorden waarvan de vertaling nog niet is gegeven.
6	Welke emotie roept deze tekst bij jou op: *blijdschap, trots, geluk, verbazing, verdriet, boosheid, ongerustheid* of *schaamte* ...? Leg je antwoord uit.
7	Stel je voor: jij bent één van de hoofdpersonen. Wie ben je dan en wat zou jij in deze situatie doen?
8	Wat zou jij willen veranderen aan deze tekst en waarom?

Exercices au choix

ATTENTION Dit jaar maak je de kijkopdrachten online. Je start bij iedere video met een van de keuzeopdrachten hieronder.

Lance le dé et fais l'exercice correspondant ou choisis un exercice.

⚀	VOCABULAIRE	Maak een Frans woordweb en noteer het thema van de video in het midden. Vul het woordweb met zo veel mogelijk Franse woorden uit de video die met dit thema te maken hebben.
⚁	OPINION	Geef een korte reactie inclusief je mening over de video. Dit mag in het Nederlands of het Frans.
⚂	THÈMES	Noteer drie onderwerpen die in de video aan bod komen. Dit mag in het Nederlands of het Frans.
⚃	PROFIL	Hoe zou jij de hoofdpersoon uit de video presenteren aan het Nederlandse publiek? Maak een social media-profiel om hem of haar te introduceren in Nederland.
⚄	PERSONNAGE	Zou jij een dag deze persoon willen zijn? Waarom wel/niet?
⚅	INTERVIEW	Bedenk nog twee vragen die je aan de hoofdpersoon zou willen stellen. Dit mag in het Frans of het Nederlands.

GRAMMAIRE GRAMMATICA

INHOUD

Woordsoorten

1 Bezittelijk voornaamwoord blz. 154
2 Bijvoeglijk naamwoord blz. 155
3 Aanwijzend voornaamwoord blz. 156
4 Persoonlijk voornaamwoord als lijdend voorwerp blz. 156
5 *à/de* + bepaald lidwoord blz. 157
6 Het delend lidwoord blz. 157
7 De vergelijkingen blz. 158
8 De woordvolgorde blz. 158
9 De ontkenning blz. 159
10 Een vraag stellen blz. 159
11 Telwoorden blz. 160

Werkwoorden

12 Werkwoorden op -er: *présent* blz. 161
13 Werkwoorden op -ir: *présent* blz. 161
14 Werkwoorden op -re: *présent* blz. 162
15 Verleden tijd: *passé composé* blz. 162
16 Toekomende tijd: *futur proche* blz. 163
17 De gebiedende wijs blz. 163
18 Onregelmatige werkwoorden blz. 164

Kloktijden blz. 165

WOORDSOORTEN

1 Het bezittelijk voornaamwoord

Weet je het nog? Een bezittelijk voornaamwoord geeft aan van wie iets is. In het Frans hangt de vorm altijd af van het zelfstandig naamwoord dat volgt.

C'est **mon** copain.	Dat is **mijn** vriend.
C'est **ma** copine.	Dat is **mijn** vriendin.

	Enkelvoud		Meervoud
	mannelijk of woord dat begint met een klinker of stomme h	vrouwelijk	mannelijk / vrouwelijk
mijn	**mon**	**ma**	**mes**
jouw	**ton**	**ta**	**tes**
zijn/haar	**son**	**sa**	**ses**
ons/onze	**notre**		**nos**
jullie/uw	**votre**		**vos**
hun	**leur**		**leurs**

Als het zelfstandig naamwoord begint met een klinker of een stomme h, dan gebruik je ***mon***, ***ton***, ***son***, ook al is het vrouwelijk.

Sophie est **mon** amie.	Sophie is **mijn** vriendin.
C'est **mon** histoire.	Het is **mijn** verhaal.

Let ook goed op bij *son* en *sa*. Die betekenen beide *zijn* of *haar*. Kijk goed naar het zelfstandig naamwoord dat erachter staat, is dat mannelijk of vrouwelijk?

Paul a **un** copain. C'est **son** copain.	Het is **zijn** vriend.
Laura a **un** copain. C'est **son** copain.	Het is **haar** vriend.

2 Het bijvoeglijk naamwoord ▶ *Chapitre 1*

Het bijvoeglijk naamwoord zegt iets over een zelfstandig naamwoord (persoon of ding). In het Frans past het bijvoeglijk naamwoord zich aan aan het zelfstandig naamwoord waar het bij hoort. Bij vrouwelijke woorden krijgt het bijvoeglijk naamwoord een ***-e*** en in het meervoud een ***-s***.

J'ai un chien noir.	Ik heb een zwarte hond.
J'ai une vache noir**e.**	Ik heb een zwarte koe.
J'ai deux chiens noir**s.**	Ik heb twee zwarte honden.

	mannelijk	vrouwelijk
enkelvoud	–	-**e**
meervoud	-**s**	-**es**

Eindigt een bijvoeglijk naamwoord op een *-e*? Dan krijgt het geen extra *e* bij vrouwelijke woorden.

un garçon timide	une fille timide

Eindigt een bijvoeglijk naamwoord op een *-s*? Dan krijgt het geen extra *s* bij mannelijke woorden in het meervoud.

le jean gris	les jeans gris

De volgende bijvoeglijk naamwoorden hebben een onregelmatige vorm. Je ziet in de vocabulairelijst dan twee vormen staan.

un **vieux** chien et une **vieille** vache	een oude hond en een oude koe

mannelijk		**vrouwelijk**		
enkelvoud	**meervoud**	**enkelvoud**	**meervoud**	**vertaling**
bon	bons	bonne	bonnes	goed
beau	beaux	belle	belles	mooi
nouveau	nouveaux	nouvelle	nouvelles	nieuw
vieux	vieux	vieille	vieilles	oud

Ook bijvoeglijke naamwoorden die eindigen op *-ien*, *-eux*, of *-if* hebben een onregelmatige vrouwelijke vorm.

mannelijk	**vrouwelijk**	**voorbeelden**
-ien	-ienne	italien/italienne
-eux	-euse	heureux/heureuse
-if	-ive	sportif/sportive

Mia est **australienne**.	Elle est très **active** sur Internet.	Elle est **amoureuse**.

In het Nederlands staat het bijvoeglijk naamwoord altijd voor het zelfstandig naamwoord. Maar in het Frans staat het bijvoeglijk naamwoord meestal achter het zelfstandig naamwoord.

C'est un YouTubeur **français**.	Het is een **Franse** YouTuber.

Maar let op: de volgende bijvoeglijke naamwoorden staan in het Frans altijd vóór het zelfstandig naamwoord.

bon	goed, lekker	**jeune**	jong
grand	groot	**vieux**	oud
petit	klein	**nouveau**	nieuw
premier	eerste	**mauvais**	slecht
dernier	laatste	**long**	lang
joli	mooi	**beau**	mooi

C'est un **jeune** influenceur.	Het is een **jonge** influencer.
Il a un **nouveau** compte.	Hij heeft een **nieuw** profiel.
C'est un **beau** site web.	Het is een **mooie** website.

3 Het aanwijzend voornaamwoord

Die, deze, dit of *dat* vertaal je met ***ce***, ***cet***, ***cette*** of ***ces***. Welk woord je gebruikt, hangt af van het zelfstandig naamwoord waar het bij hoort.

Tu aimes **ce** style?	Vind je **deze / die** stijl leuk?
Cet homme porte un pull.	**Deze / Die** man draagt een trui.
Je préfère **cette** marque.	Ik vind **dat / dit** merk leuker.
J'achète **ces** modèles.	Ik koop **deze / die** modellen.

	enkelvoud	meervoud
mannelijk	**ce**	**ces**
mannelijk met h of klinker	**cet**	**ces**
vrouwelijk	**cette**	**ces**

Ce matin, *cet après-midi* en *ce soir* vertaal je met *vanochtend*, *vanmiddag* en *vanavond*.

4 Het persoonlijk voornaamwoord als lijdend voorwerp ▶ *Chapitre 3*

In het Frans kun je het lijdend voorwerp in een zin vervangen. Dat doe je met de woorden ***le***, ***la***, ***l'*** of ***les***.
Net als in het Nederlands, doe je dat om herhaling in de zin te voorkomen.

Chloé rencontre **Romain.**	Chloé ontmoet **Romain**.
Elle rencontre **Romain** au cinéma.	Zij ontmoet **Romain** in de bioscoop.
→ Elle **le** rencontre au cinéma.	→ Zij ontmoet **hem** in de bioscoop.

	enkelvoud	voor klinker of stomme h	meervoud
mannelijk	**le**	**l'**	**les**
vrouwelijk	**la**	**l'**	**les**

Het persoonlijk voornaamwoord ***le***, ***la***, ***l'*** of ***les*** staat voor het eerste werkwoord in de zin (*de persoonsvorm*). Maar als er een heel werkwoord in de zin staat, komt ***le***, ***la***, ***l'*** of ***les*** voor het hele werkwoord.

Je mange **le sandwich**.	→	Je **le** mange.
J'ai mangé **le sandwich**.	→	Je l'ai mangé.
Je vais manger **le sandwich**.	→	Je vais **le** manger.

5 *à/de* + bepaald lidwoord ▶ *Chapitre 2*

Als het Franse voorzetsel ***à*** *(= in, naar, op, bij...)* in een zin wordt gevolgd door ***le*** of ***les*** dan wordt het samengevoegd tot één woord.

à + le → **au**	Je suis **au** club de foot.	Ik ben **bij de** voetbalclub.
à + les → **aux**	Il va **aux** matchs.	Hij gaat **naar de** wedstrijden.

Als *à* wordt gevolgd door *la* of *l'* dan blijft het ***à la*** of ***à l'***.

à + la = **à la**	Je vais **à la** mer.	Ik ga **naar de** zee.
à + l' = **à l'**	On est **à l'**école.	We zijn **op** school.

Of je *au, à la, à l'* of *aux* gebruikt, hangt dus af van het woord dat er achterkomt. Is het mannelijk of vrouwelijk, enkelvoud of meervoud?

Als het Franse voorzetsel ***de*** *(= van)* in een zin wordt gevolgd door ***le*** of ***les*** dan wordt het samengevoegd tot één woord.

de + le → **du**	C'est l'entrée **du** collège.	Het is de ingang **van de** school.
de + les → **des**	C'est le chien **des** voisins.	Het is de hond **van de** buren.

Als *de* wordt gevolgd door *la* of *l'* dan blijft het ***de la*** of ***de l'***.

de + la = **de la**	C'est la robe **de la** fille.	Het is de jurk **van het** meisje.
de + l' = **de l'**	C'est le jeu **de l'**enfant.	Het is het spel **van het** kind.

Of je *du, de la, de l'* of *des* gebruikt, hangt dus af van het woord dat er achterkomt. Is het mannelijk of vrouwelijk, enkelvoud of meervoud?

6 Het delend liwoord ▶ *Chapitre 5*

Als je in het Nederlands géén lidwoord gebruikt, komt er in het Frans wél iets: een delend lidwoord. De delende lidwoorden zijn *du, de la, de l'* en *des*.

J'achète **du** poisson, **de la** viande, **de l'**eau et **des** légumes.	Ik koop vis, vlees, water en groente.

	enkelvoud	meervoud
mannelijk	**du**	**des**
vrouwelijk	**de la**	**des**
met h of klinker	**de l'**	**des**

Na een ontkenning en na een woord van hoeveelheid gebruik je ***de*** of ***d'*** (voor een klinker of een stomme h). Woorden van hoeveelheid zijn: *beaucoup, trop, peu, un kilo, un verre, une bouteille, une boite, un paquet ...*

Il n'y a pas **de** coca.	Er is geen cola.
Je prends un verre **d'**eau.	Ik neem een glas water.

Na de werkwoorden *aimer, adorer, préférer* en *détester* komt altijd het lidwoord *le, la, l'* of *les* vóór een zelfstandig naamwoord.

J'aime **le** poisson.	Ik houd van vis.
Mais je préfère **la** viande.	Maar ik heb liever vlees.

7 De vergelijkingen ▶ *Chapitre 6*

Als je personen, dieren, zaken... met elkaar wilt vergelijken, gebruik je: plus (*meer*) / moins (*minder*) / aussi (*even*) gevolgd door het bijvoeglijk naamwoord en *que*.

plus moins aussi	+ bijvoeglijk naamwoord (in de juiste vorm)	+ que

Thomas est **plus sportif que** Léo.	Thomas is **sportiever dan** Léo.
Léo est **moins sportif que** Thomas.	Léo is **minder sportief dan** Thomas.

Pas de vorm van het bijvoeglijk naamwoord aan het onderwerp aan.

<u>Paul</u> est **plus grand que** Pauline.	Paul is **groter dan** Pauline.
<u>Pauline</u> est **moins grande que** Paul.	Pauline is **minder groot dan** Paul.

Pas op: als het woord achter *que* met een klinker of stomme h begint, verandert *que* in *qu'*.

Julie est **plus grande qu'**Emma.	Julie is **groter dan** Emma.

Er is een uitzondering: *beter dan* vertaal je met *meilleur que*. Er komt dus geen *plus* vóór *meilleur*. Let ook hier wel op de vorm van *meilleur(e)(s)*.

Mbappé est **meilleur que** Neymar.	Mbappé is **beter dan** Neymar.
L'actrice est **meilleure que** l'acteur	De actrice is **beter dan** de acteur.

8 De woordvolgorde ▶ *Chapitre 6*

De woordvolgorde in een Franse zin is:
onderwerp + persoonsvorm + ander werkwoord + rest van de zin
De werkwoorden staan dus altijd bij elkaar.

Je **vais acheter** un T-shirt.	Ik **ga** een T-shirt **kopen**.
J'**ai acheté** un T-shirt.	Ik **heb** een T-shirt **gekocht**.

In een ontkennende zin komt *ne/n'* voor de persoonsvorm (*het eerste werkwoord*) en *pas / jamais / plus* ... erachter.

Je **ne** vais **pas** en France.	Ik ga **niet** naar Frankrijk.
Il **n'**est **jamais** allé en France.	Hij is **nooit** naar Frankrijk gegaan.
Il **ne** va **plus** voyager.	Hij gaat **niet meer** reizen.

Let op: de volgende woorden staan altijd direct na de persoonsvorm: *souvent* (vaak), *toujours* (altijd), *encore* (nog), *bien* (goed), *mal* (slecht), *beaucoup* (veel) en *déjà* (al).

J'aide **toujours** mes amis.	Ik help **altijd** mijn vrienden.
Je suis **souvent** allé en France.	Ik ben **vaak** naar Frankrijk gegaan.
Il va **bien** jouer.	Hij gaat **goed** spelen.

De bepaling van tijd en van plaats staat vooraan of achteraan in de zin. Het maakt niet uit of de bepaling vooraan of achteraan staat. De woordvolgorde ziet er dan als volgt uit:
tijd/plaats + onderwerp + alle werkwoorden + lijdend/meewerkend voorwerp + *tijd/plaats*

Demain, je vais acheter un T-shirt.	Ik ga **morgen** een T-shirt kopen.
Je vais acheter un T-shirt **demain.**	Ik ga **morgen** een T-shirt kopen.

9 De ontkenning ▶ *Chapitre 7*

Weet je nog? In het Frans bestaat een ontkenning altijd uit twee delen. ***Ne*** of ***n'*** staat vóór het eerste werkwoord van de zin (persoonsvorm) en het tweede deel (***pas, plus*** ...) direct erna.

Il **n'**a **pas** eu son argent de poche.	Hij heeft zijn zakgeld **niet** gekregen.
Je **ne** veux **plus** aller au cinéma.	Ik wil **niet meer** naar de bioscoop gaan.

ne ... pas	niet	**ne ... rien**	niets
ne ... plus	niet meer	**ne ... pas encore**	nog niet
ne ... jamais	nooit		

De ontkenning van ***c'est*** is ***ce n'est pas***. De ontkenning van ***il y a*** is ***il n'y a pas.***

Ce n'est pas possible.	**Het is niet** mogelijk.
Il n'y a pas de réduction.	**Er is geen** korting.

Na een ontkenning veranderen *un, une, du, de la, de l'* en *des* in ***de/d'***.

Tu as **de l'**argent?	Heb je geld?
Non, je **n'**ai **pas d'**argent.	Nee, ik heb **geen** geld.

10 Een vraag stellen

Om in het Frans een vraag te stellen zet je een vraagteken achter de gewone zin. Je spreekt de vraag anders uit dan de gewone zin: aan het eind gaat je stem omhoog. Fransen gebruiken deze vorm vooral in de spreektaal.

Tu es malade?	Ben je ziek?

Je kunt ook een vraag stellen door *est-ce que* voor de zin te zetten. Deze vorm wordt in Frankrijk het meest gebruikt. Je kunt het gebruiken in allerlei situaties zowel met vrienden als met onbekenden: in een gesprek, in een winkel ...

Est-ce que tu es malade?	Ben je ziek?

Que verandert in *qu'* voor een klinker of een stomme h.

Est-ce qu'il est malade?	Is hij ziek?

In het Nederlands gebruiken wij vooral *inversie* bij vragen (*Ben je ziek?*). Dit kom je in het Frans ook tegen (*Es-tu malade?*), maar vooral in schrijftaal. Daarom hoef je het zelf niet te kunnen gebruiken.

Je kunt ook een vraag stellen met een vraagwoord.

où	waar	**pourquoi**	waarom
quand	wanneer	**qui**	wie
comment	hoe	**qu'est-ce que**	wat
combien	hoeveel		

GRAMMAIRE GRAMMATICA

In het Frans staat het vraagwoord meestal aan het begin of aan het einde van de zin. Als je twijfelt, gebruik je de woordvolgorde van de vragen uit de *phrases-clés*.

Comment tu t'appelles?	**Hoe** heet jij?
Tu t'appelles **comment**?	**Hoe** heet jij?

Maar je kunt ook *est-ce que* gebruiken. Dan is de volgorde:
vraagwoord + est-ce que + gewone zin.

Comment est-ce que tu t'appelles?	**Hoe** heet jij?
Où est-ce que tu habites?	**Waar** woon jij?

Quel kan twee dingen betekenen: **welke** of **wat**. In beide gevallen past het zich aan aan het zelfstandig naamwoord waar het bij hoort.

Tu aimes **quels** pays?	**Welke** landen vind je leuk?
Quelle est ta couleur préférée?	**Wat** is je lievelingskleur?

	enkelvoud	meervoud
mannelijk	**quel**	**quels**
vrouwelijk	**quelle**	**quelles**

Als ***quel(le)(s)*** gevolgd wordt door een zelfstandig naamwoord, betekent het **welke**.

Quel camping est-ce que tu préfères?	**Welke** camping vind je het leukst?

Als ***quel(le)(s)*** gevolgd wordt door ***est*** of ***sont***, betekent het **wat**.

Quelle est ta nationalité?	**Wat is** je nationaliteit?

11 Telwoorden

0 – zéro
1 – un, une
2 – deux
3 – trois
4 – quatre
5 – cinq
6 – six
7 – sept
8 – huit
9 – neuf
10 – dix
11 – onze
12 – douze
13 – treize
14 – quatorze
15 – quinze
16 – seize
17 – dix-sept
18 – dix-huit
19 – dix-neuf
20 – vingt

21 – vingt-et-un
22 – vingt-deux

30 – trente
31 – trente-et-un
32 – trente-deux

40 – quarante
50 – cinquante
60 – soixante

70 is 60 plus 10:
70 – soixante-dix
71 – soixante-et-onze
72 – soixante-douze
73 – soixante-treize
74 – soixante-quatorze
75 – soixante-quinze
76 – soixante-seize
77 – soixante-dix-sept
78 – soixante-dix-huit
79 – soixante-dix-neuf

80 is 4 keer 20:
80 – quatre-vingt**s**
81 – quatre-vingt-un (let op: zonder *et*)
82 – quatre-vingt-deux

90 is 4 keer 20 plus 10:
90 – quatre-vingt-dix
91 – quatre-vingt-onze (let op: zonder *et*)
99 – quatre-vingt-dix-neuf

100 – cent
150 – cent-cinquante
200 – deux-cents
201 – deux-cent-un

1000 – mille
1001 – mille-un

WERKWOORDEN

12 Regelmatige werkwoorden op *-er*: *présent* ▸ *Chapitre 1, 2*

De meeste werkwoorden eindigen in het Frans op de letters ***-er***. Als je deze letters weghaalt, dan houd je de stam van het werkwoord over. Achter de stam komt dan een uitgang.

J'**habite** dans une maison.	Ik **woon** in een huis.
Nous **discutons** dans ta chambre.	Wij **kletsen** in je kamer.

	uitgang	**habiter**	**wonen**
je	**-e**	j' habite	ik woon
tu	**-es**	tu habite**s**	jij woont
il/elle	**-e**	il/elle habite	hij/zij woont
on	**-e**	on habite	wij wonen / men woont
nous	**-ons**	nous habit**ons**	wij wonen
vous	**-ez**	vous habit**ez**	jullie wonen / u woont
ils/elles	**-ent**	ils/elles habit**ent**	zij wonen

Er zijn zes verschillende uitgangen, maar je hoort er maar drie, want ***-e***, ***-es*** en ***-ent*** worden hetzelfde uitgesproken!

Je kunt een onderwerp (persoon of ding) vervangen door *il*, *elle*, *ils* of *elles*.

Paul est français. **Il** habite à Paris.	**Paul** is Frans. **Hij** woont in Parijs.
La maison est belle. **Elle** est très grande.	**Het huis** is mooi. **Het** is erg groot.
Mon appartement est grand. **Il** est super.	**Mijn appartement** is groot. **Het** is geweldig.

Een onderwerp in het meervoud dat zowel mannelijk als vrouwelijk is, vervang je door *ils*.

Paul et Pauline habitent à Paris.	**Ils** habitent dans un appartement.

13 Regelmatige werkwoorden op *-ir*: *présent* ▸ *Chapitre 1*

Veel werkwoorden in het Frans eindigen op ***-er***. Maar er zijn ook regelmatige werkwoorden die eindigen op ***-ir***. Als je deze letters weghaalt, dan houd je de stam van het werkwoord over. Achter de stam komt een uitgang.

Je **choisis** un cadeau.	Ik **kies** een cadeau.
Nous **finissons** à 16 heures.	Wij **zijn klaar** om 16 uur.

	uitgang	fin**ir**	eindigen
je	**-is**	je fin**is**	ik eindig
tu	**-is**	tu fin**is**	jij eindigt
il/elle	**-it**	il/elle fin**it**	hij/zij eindigt
on	**-it**	on fin**it**	wij eindigen
nous	**-issons**	nous fin**issons**	wij eindigen
vous	**-issez**	vous fin**issez**	jullie eindigen / u eindigt
ils/elles	**-issent**	ils/elles fin**issent**	zij eindigen

Er zijn meer werkwoorden die je vervoegt als *finir*. Bijvoorbeeld: *réfléchir* (nadenken), *réussir* (slagen), *remplir* (invullen), *grandir* (groeien), *choisir* (kiezen), *rougir* (blozen) etc.

14 Regelmatige werkwoorden op *-re*: *présent* ▶ *Chapitre 2*

Veel werkwoorden in het Frans eindigen op ***-er***. Maar er zijn ook regelmatige werkwoorden die eindigen op ***-re***. Als je deze letters weghaalt, dan houd je de stam van het werkwoord over. Achter de stam komt een uitgang.

Je **réponds** à ton message.	Ik **geef antwoord op** je bericht.
Nous **entendons** notre copain.	Wij **horen** onze vriend.

	uitgang	répondre	antwoorden
je	-s	je réponds	ik antwoord
tu	-s	tu réponds	jij antwoordt
il/elle		il/elle répond	hij/zij antwoordt
on		on répond	wij antwoorden
nous	**-ons**	nous répond**ons**	wij antwoorden
vous	**-ez**	vous répond**ez**	jullie antwoorden / u antwoordt
ils/elles	**-ent**	ils/elles répond**ent**	zij antwoorden

Er zijn meer werkwoorden die je vervoegt als ***répondre***, bijvoorbeeld: ***attendre*** (wachten), ***entendre*** (horen), ***vendre*** (verkopen), ***perdre*** (verliezen)...

15 Verleden tijd: *passé composé* ▶ *Chapitre 3*

Om te vertellen wat je hebt gedaan, gebruik je in het Frans de *passé composé*. Deze tijd maak je met een vorm van het werkwoord *avoir* en een voltooid deelwoord (*parlé*). Het voltooid deelwoord is stam (heel werkwoord – *er*) + *é*.

Tu **as rencontré** un garçon français.	Jij **hebt** een Franse jongen **ontmoet**.
Vous **avez parlé** français.	Jullie **hebben** Frans **gesproken**.

j'	ai	parlé	ik heb gepraat
tu	as	parlé	jij hebt gepraat
il/elle	a	parlé	hij/zij heeft gepraat
on	a	parlé	wij hebben gepraat
nous	avons	parlé	wij hebben gepraat
vous	avez	parlé	jullie hebben / u heeft gepraat
ils/elles	ont	parlé	zij hebben gepraat

Het voltooid deelwoord van de regelmatige werkwoorden op ***-ir*** maak je door achter de stam ***-i*** te zetten: choisi**r** ➔ choisi.
Het voltooid deelwoord van de regelmatige werkwoorden op ***-re*** maak je door achter de stam ***-u*** te zetten: attend**re** ➔ attend**u**.

werkwoorden op *-er*	er	➔	é	**J'ai voyagé** en train.	**Ik heb** met de trein **gereisd.**
werkwoorden op *-ir*	ir	➔	i	**J'ai choisi** une place calme.	**Ik heb** een rustige plek **gekozen.**
werkwoorden op *-re*	re	➔	u	**J'ai attendu** une heure.	**Ik heb** een uur **gewacht.**

De voltooid deelwoorden van de werkwoorden *avoir, être, faire* en *prendre* zijn onregelmatig.

hele werkwoord	*passé composé*	vertaling
avoir	**j'ai eu**	ik heb gehad
être	**j'ai été**	ik ben geweest
faire	**j'ai fait**	ik heb gedaan / gemaakt
prendre	**j'ai pris**	Ik heb genomen

Net als in het Nederlands, kun je ook een *passé composé* maken met een vorm van *être* (zijn).

Elle **est alleé** à Marrakech.	Zij **is** in Marrakech **geweest**.
Il **est resté** une semaine.	Hij **is** een week **gebleven.**

Als je in het Nederlands *hebben* gebruikt, gebruik je in het Frans meestal ***avoir***.
Gebruik je in het Nederlands *zijn,* dan gebruik je in het Frans meestal ***être***.
Als je ***être*** gebruikt, komt er soms een extra ***e*** en/of ***s*** achter het voltooid deelwoord.
Dat hangt af van het onderwerp in de zin.

Elle est arriv**ée**à une heure.	Zij is om één uur aangekomen.
Ils sont venu**s** en train.	Zij zijn met de trein gekomen.

	mannelijk		vrouwelijk	
enkelvoud	–		**-e**	
	Il est resté.	Hij is gebleven.	Elle est rest**ée**.	Zij is gebleven.
meervoud	**-s**		**-es**	
	Ils sont resté**s**.	Zij zijn gebleven.	Elles sont rest**ées**.	Zij zijn gebleven.

16 Toekomende tijd: *futur proche*

Als je in het Frans wilt zeggen dat iets nog gaat gebeuren, gebruik je een vorm van het werkwoord ***aller*** (gaan) gevolgd door een heel werkwoord. Net als in het Nederlands dus.

Let op de woordvolgorde in het Frans. De werkwoorden staan bij elkaar:
onderwerp + vorm van ***aller*** + hele werkwoord + rest van de zin

Je **vais visiter** Paris.	Ik **ga** Parijs **bezoeken.**
Mon ami **va acheter** un livre.	Mijn vriend **gaat** een boek **kopen**.

17 De gebiedende wijs ▶ *Chapitre 7*

Je gebruikt de gebiedende wijs om een aanwijzing of opdracht te geven of om een voorstel te doen. De vorm die je gebruikt, hangt af van degene aan wie je de opdracht geeft.

Reste à la maison!	**Blijf** thuis!
N'**achetez** pas de chips!	**Koop** geen chips!

Je richt je tot:	**vorm van het werkwoord:**		
één persoon (jij)	*je*-vorm van de *présent*	**Cherche** un petit boulot!	**Zoek** een baantje!
een groep waar je zelf bij hoort (wij)	*nous*-vorm van de *présent*	**Cherchons** un petit boulot!	**Laten we** een baantje zoeken!
meer personen (jullie) / iemand die je met u aanspreekt (u)	*vous*-vorm van de *présent*	**Cherchez** un petit boulot!	**Zoek** een baantje!

Let op: de gebiedende wijs in de *nous*-vorm is geen aanwijzing of opdracht, maar een voorstel. Je vertaalt het dan ook met: laten we ...

Allons à la plage!	**Laten we** naar het strand **gaan**!

Er is een uitzondering: ***ga*** vertaal je met ***va*** *(en niet vais)* als je je richt tot één persoon.

Va à l'école!	**Ga** naar school!

18 Onregelmatige werkwoorden

aller (*gaan*)

je **vais**	ik ga
tu **vas**	jij gaat
il/elle **va**	hij/zij gaat
on **va**	wij gaan
nous allons	wij gaan
vous allez	jullie gaan / u gaat
ils/elles **vont**	zij gaan

avoir (*hebben*)

j'**ai**	ik heb
tu **as**	jij hebt
il/elle **a**	hij/zij heeft
on **a**	wij hebben
nous avons	wij hebben
vous avez	jullie hebben / u hebt
ils/elles **ont**	zij hebben

être (*zijn*)

je **suis**	ik ben
tu **es**	jij bent
il/elle **est**	hij/zij is
on **est**	wij zijn
nous **sommes**	wij zijn
vous **êtes**	jullie zijn / u bent
ils/elles **sont**	zij zijn

faire (*doen, maken*)

je **fais**	ik doe/maak
tu **fais**	jij doet/maakt
il/elle **fait**	hij/zij doet/maakt
on **fait**	wij doen/maken
nous **faisons**	wij doen/maken
vous **faites**	jullie doen/maken / u doet/ maakt
ils/elles **font**	zij doen/maken

vouloir (*willen*)

je **veux**	ik wil
tu **veux**	jij wilt
il/elle **veut**	hij/zij wil
on **veut**	wij willen
nous voulons	wij willen
vous voulez	jullie willen / u wilt
ils/elles **veulent**	zij willen

pouvoir (*kunnen/mogen*)

je **peux**	ik kan/mag
tu **peux**	jij kunt/mag
il/elle **peut**	hij/zij kan/mag
on **peut**	wij kunnen/mogen
nous pouvons	wij kunnen/mogen
vous pouvez	jullie kunnen/mogen / u kunt/mag
ils/elles **peuvent**	zij kunnen/mogen

venir (komen)

je **viens**	ik kom
tu **viens**	jij komt
il/elle **vient**	hij/zij komt
on **vient**	wij komen
nous venons	wij komen
vous venez	jullie komen / u komt
ils/elles **viennent**	zij komen

KLOKTIJDEN

De Fransen hebben een andere manier dan wij om te zeggen hoe laat het is. Ze beginnen met het uur en daarna zeggen ze hoeveel minuten erbij komen of er vanaf moeten.

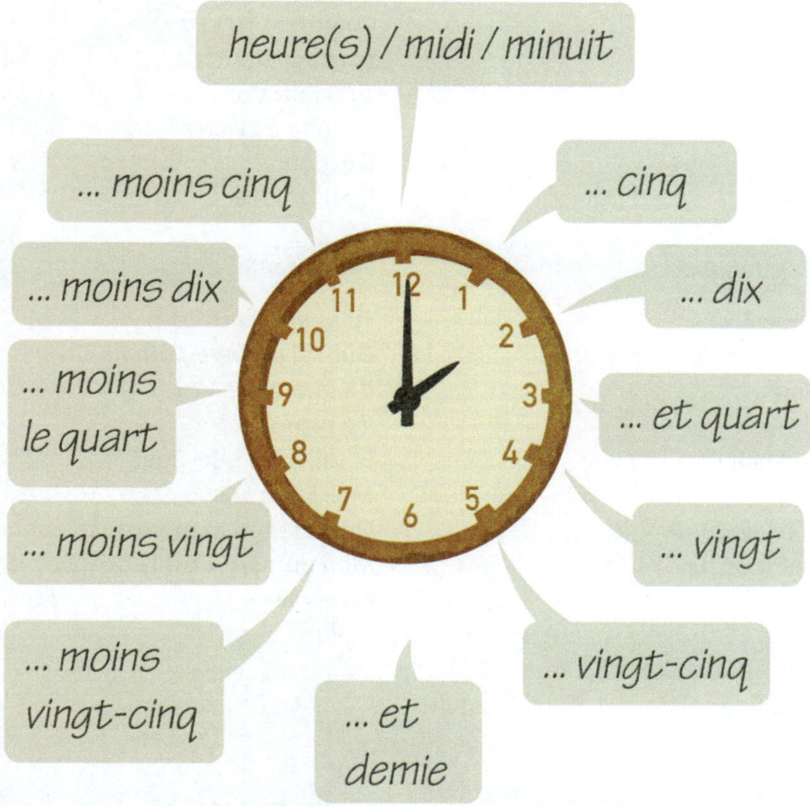

Il est *deux* heures.	Het is *twee* uur.
Il est *deux* heures cinq.	Het is vijf over *twee*.
Il est *deux* heures dix.	Het is tien over *twee*.
Il est *deux* heures et quart.	Het is kwart over *twee*.
Il est *deux* heures vingt.	Het is tien voor half *drie*.
Il est *deux* heures vingt-cinq.	Het is vijf voor half *drie*.
Il est *deux* heures et demie.	Het is half *drie*.
Il est *trois* heures moins vingt-cinq.	Het is vijf over half *drie*.
Il est *trois* heures moins vingt.	Het is tien over half *drie*.
Il est *trois* heures moins le quart.	Het is kwart voor *drie*.
Il est *trois* heures moins dix.	Het is tien voor *drie*.
Il est *trois* heures moins cinq.	Het is vijf voor *drie*.

Let op!

Il est *une* heure.	Het is *een* uur.
Il est midi.	Het is twaalf uur 's middags.
Il est minuit.	Het is twaalf uur 's nachts.
Il est midi et demi.	Het is half een.

GRAMMAIRE GRAMMATICA

PHRASES-CLÉS 1 HAVO/VWO

CHAPITRE 1

	Zichzelf voorstellen	Se présenter
1	*Hallo / Hoi*, hoe gaat het?	*Bonjour*, ça va?
2	Het gaat goed, en met jou?	Ça va bien.
3	Hoe heet jij?	Comment tu t'appelles?
4	Ik heet *Roos*.	Je m'appelle *Roos*.
5	Waar woon jij?	Tu habites où?
6	Ik woon in *Zwolle*.	J'habite à *Zwolle*.
7	Wat is dat?	C'est quoi?
8	Dat is *een hond*.	C'est *un chien*.

	Vertellen over je familie	Parler de ta famille
1	Heb je *een broer*?	Tu as *un frère*?
2	Ja, ik heb *een broer*, *Romain*.	Oui, j'ai *un frère*, *Romain*.
3	Hoe oud is *hij*?	*Il* a quel âge?
4	*Hij* is *13* jaar.	*Il* a *13* ans.
5	En jij, hoe oud ben jij?	Et toi, tu as quel âge?
6	Ik ben *12* jaar.	Moi, j'ai *12* ans.
7	Wat is jouw telefoonnummer?	Quel est ton numéro de téléphone?
8	Mijn nummer is *06-14 07 18 5*.	Mon numéro, c'est le *06-14 07 18 5*.
9	Tot ziens.	Au revoir.
10	Tot later.	À plus.

CHAPITRE 2

	Op een terras	À une terrasse
1	Houd je van *pannenkoeken*?	Tu aimes *les crêpes*?
2	Nee, ik vind *pannenkoeken* niet lekker.	Non, je déteste *les crêpes*.
3	Ik heb liever *pizza's*.	Je préfère *les pizzas*.
4	Ober, *de kaart* alstublieft.	Monsieur, *la carte* s'il vous plait.
5	*Een cola* en *een pizza* alstublieft.	*Un coca* et *une pizza*, s'il vous plait.
6	Waar is *de wc*?	Où sont *les toilettes*?
7	Dat is *hier*.	C'est *ici*.
8	Ober, *de rekening*!	Monsieur, *l'addition*!
9	Alstublieft (als je iets geeft).	Voilà.
10	Bedankt en tot ziens!	Merci et au revoir!
11	Graag gedaan. Tot ziens.	De rien. Au revoir.

	Iets kopen	Acheter quelque chose
1	Sorry, ik zoek *de bakkerij*.	Pardon, je cherche *la boulangerie*.
2	Het is *daar*.	C'est *là-bas*.
3	Ik wil graag *twee croissantjes*.	Je voudrais *deux croissants*.
4	Ja, alstublieft.	Oui, voilà.
5	Heeft u *een stokbrood*?	Vous avez *une baguette*?
6	Hoeveel kost dat?	Ça coute combien?
7	Dat kost *5 euro 50*.	Ça coute *cinq euros cinquante*.
8	Ik begrijp het niet.	Je ne comprends pas.

CHAPITRE 3

Praten over school	Parler de l'école
1 In welke klas zit je?	Tu es en quelle classe?
2 Ik zit *in de eerste klas.*	Je suis *en cinquième.*
3 Welke vakken heb je *dinsdag*?	Tu as quelles matières le *mardi*?
4 *Dinsdag* heb ik *geschiedenis* en *Engels.*	Le *mardi*, j'ai *histoire* et *anglais.*
5 Hoe laat is *de pauze*?	*La récré*, c'est à quelle heure?
6 Om *tien uur.*	À *dix heures.*
7 Hoe laat is het?	Quelle heure est-il?
8 Het is *half tien.*	Il est *neuf heures et demie.*

Praten over vakken en leraren	Parler des matières et des profs
1 Houd je van *wiskunde*?	Tu aimes *les maths*?
2 Ja, ik houd van *wiskunde.*	Oui, j'aime *les maths.*
3 Nee, ik houd niet van *wiskunde.*	Non, je n'aime pas *les maths.*
4 Wat is jouw lievelingsvak?	Quelle est ta matière préférée?
5 Mijn lievelingsvak is *Frans.*	Ma matière préférée, c'est *le français.*
6 Ik heb een *8.*	J'ai *seize* sur vingt.
7 Wie is je leraar *Frans*?	Qui est ton prof de *français*?
8 Dat is *meneer Duval.*	C'est *monsieur Duval.*
9 Is *hij streng*?	*Il* est *sévère*?
10 Nee, *hij* is *aardig.*	Non, *il* est *sympa.*

CHAPITRE 5

Praten over activiteiten	Parler de ses activités
1 Heb je een leuk weekend gehad?	Tu as passé un bon weekend?
2 Ja, ik heb *mijn verjaardag gevierd.*	Oui, j'ai fêté *mon anniversaire.*
3 Ja, wij hebben *een film gekeken.*	Oui, on *a regardé un film.*
4 Met wie?	Avec qui?
5 Met *mijn familie* en *Simon.*	Avec *ma famille* et *Simon.*
6 Wie is dat, *Simon*?	C'est qui, *Simon*?
7 Het is *mijn vriend.*	C'est *mon ami.*
8 Was het leuk?	C'était bien?
9 Ja, het was *super.*	Oui, c'était *super.*
10 Wanneer ben je jarig?	C'est quand ton anniversaire?
11 Op *3 januari.*	C'est le *trois janvier.*

Iemand beschrijven	Décrire quelqu'un
1 Hoe is *je broer*?	*Ton frère* est comment?
2 *Mijn broer* heeft *bruin* haar.	*Mon frère* a les cheveux *bruns.*
3 Hij heeft *groene* ogen.	Il a les yeux *verts.*
4 Hij draagt *een bril.*	Il porte *des lunettes.*
5 Is *hij groot*?	*Il* est *grand*?
6 *Nee, hij* is *klein.*	*Non, il* est *petit.*
7 Is hij *aardig*?	Il est *sympa*?
8 *Ja*, en hij is *grappig.*	*Oui*, et il est *drôle.*
9 Houdt hij van *sport*?	Il aime *le sport*?
10 *Ja*, hij houdt van *tennis.*	*Oui*, il aime *le tennis.*

CHAPITRE 6

De weg vragen en wijzen	Demander et indiquer le chemin
1 Sorry! Kunt u mij helpen?	Excusez-moi! Vous pouvez m'aider?
2 Ja natuurlijk.	Oui, bien sûr.
3 Ik zoek *het station*.	Je cherche *la gare*.
4 Het is *rechtdoor* en daarna *linksaf*.	C'est *tout droit* et ensuite *à gauche*.
5 Kunt u het herhalen?	Vous pouvez répéter?
6 Is het *ver*?	C'est *loin*?
7 Nee, het is 15 minuten *lopen*.	Non, c'est à 15 minutes *à pied*.
8 Dan gaan wij met *de bus*.	Alors, on y va *en bus*.

Praten over je stad en je plannen	Parler de ta ville et de tes projets
1 Waar woon jij?	Tu habites où?
2 Ik woon in *Parijs*.	J'habite à *Paris*.
3 Houd jij van *Parijs*?	Tu aimes *Paris*?
4 Ja, omdat het *een grote stad* is.	Oui, parce que c'est *une grande ville*.
5 Gaan wij *wat drinken*?	On va *boire quelque chose*?
6 Ja, wij *gaan naar een terras*.	Oui, on va *aller à une terrasse*.
7 In mijn wijk is er *een café*.	Dans mon quartier, il y a *un café*.
8 Hoe gaan wij naar *het café*?	Comment on va *au café*?
9 Wij gaan *lopend* naar *het café*.	On va *au café à pied*.
10 Wat gaan wij *daarna* doen?	Qu'est-ce qu'on va faire *après*?
11 Wij gaan *gamen*.	On va *jouer à la console*.

CHAPITRE 7

Praten over je vrije tijd	Parler de son temps libre
1 Wat vind je leuk om te doen?	Qu'est-ce que tu aimes faire?
2 Ik vind het leuk om naar *series* op Netflix te kijken.	Moi, j'aime regarder *des séries* sur Netflix.
3 Sport jij?	Tu fais du sport?
4 Ik *voetbal twee* keer per week.	Je fais *du foot deux* fois par semaine.
5 Al lang?	Depuis longtemps?
6 Sinds *drie jaar*.	Depuis *trois ans*.
7 Wanneer heb je *een wedstrijd*?	Tu as *un match* quand?
8 Ik heb op *zaterdag een wedstrijd*.	J'ai *un match* le *samedi*.
9 Speel jij een muziekinstrument?	Tu joues d'un instrument?
10 Ja, ik speel *gitaar*.	Oui, je joue *de la guitare*.

Afspreken	Se donner rendez-vous
1 Wat gaan wij *vanmiddag* doen?	Qu'est-ce qu'on va faire *cet après-midi*?
2 Ik weet het niet.	Je ne sais pas.
3 Het is *warm*. Gaan wij *naar het zwembad*?	Il fait *chaud*. On va *à la piscine*?
4 Ja, oké.	Oui, d'accord.
5 Waar zien wij elkaar?	On se voit où?
6 Wij zien elkaar *bij mij*.	On se voit *chez moi*.
7 Om hoe laat?	À quelle heure?
8 Om *drie* uur.	À *trois* heures.
9 Oké!	D'accord!
10 Tot straks.	À tout à l'heure!

CHAPITRE 1

Vertellen over je vakantie	Parler de ses vacances
1 Heb jij een leuke vakantie gehad?	Tu as passé de bonnes vacances?
2 Ja, het was *super!*	Oui, c'était *super*!
3 Ben jij naartoe geweest?	Tu as été où?
4 Ik ben *in Nice* geweest.	J'ai été *à Nice*.
5 Met wie?	Avec qui?
6 Met *mijn ouders en mijn broer.*	Avec *mes parents et mon frère*.
7 Was het *mooi* weer?	Il a fait *beau*?
8 Ja, het was *warm*.	Oui, il a fait *chaud*.
9 Het was *28* graden.	Il a fait *28* degrés.

Vertellen over je vakantie	Parler de ses vacances
1 Wat heb je *deze zomer* gedaan?	Qu'est-ce que tu as fait *cet été*?
2 Ik ben met *mijn vrienden naar het strand* geweest.	J'ai été *à la plage* avec *mes copains*.
3 Ik heb *gefietst*.	J'ai fait *du vélo*.
4 Ik heb *Brussel* bezocht.	J'ai visité *Bruxelles*.
5 Hoe was het?	C'était comment?
6 Het was *geweldig*!	C'était *génial*!
7 Hebben jullie gekampeerd?	Vous avez fait du camping?
8 Ja, we hebben *gekampeerd*.	Oui, on a *fait du camping*.
9 Nee, we zijn *in een hotel* geweest.	Non, on a été *à l'hôtel*.
10 Heb je *Frans* gesproken?	Tu as parlé *français*?
11 Ja, ik heb *Frans* gesproken.	Oui, j'ai parlé *français*.
12 Nu heb ik veel *Franse* vrienden.	Maintenant, j'ai beaucoup d'amis *français*.

CHAPITRE 2

Vertellen over je familie	Parler de sa famille
1 Heb je broers of zussen?	Tu as des frères ou des sœurs?
2 Ja, ik heb *een kleine zus*.	Oui, j'ai *une petite sœur*.
3 Hoe heet *zij*?	Comment *elle* s'appelle?
4 *Zij* heet *Lola*.	*Elle* s'appelle *Lola*.
5 Is *zij* aardig?	*Elle* est sympa?
6 Ja, *zij* is *cool*.	Oui, *elle* est *cool*.
7 Nee, *zij* is *vervelend*.	Non, *elle* est *casse-pied*.
8 Wat vinden jullie leuk om te doen?	Qu'est-ce que vous aimez faire?
9 Wij vinden het leuk om te *sporten*.	On aime *faire du sport*.
10 Heb jij een dier?	Tu as un animal?
11 Ja, ik heb *een hond* en *een vis*.	Oui, j'ai *un chien* et *un poisson*.
12 *Mijn vis* heet *Nemo* en *hij* is heel *oud*.	*Mon poisson* s'appelle *Nemo* et *il* est très *vieux*.

Vertellen over je huis	Parler de sa maison
1 Waar woon jij?	Tu habites où?
2 Ik woon in *Parijs*.	J'habite *à Paris*.
3 Woon jij in *een huis*?	Tu habites dans *une maison*?
4 Nee, ik woon in *een flat*.	Non, j'habite dans *un appartement*.
5 Hoe vind jij *jouw slaapkamer*?	Comment tu trouves *ta chambre*?
6 Ik vind *mijn slaapkamer* leuk, hij is *groot*.	J'aime bien *ma chambre*, *elle* est *grande*.
7 Er staat *een bed* in en *een bureau*.	Il y a *un lit* et *un bureau*.
8 Ben jij vaak in *je slaapkamer*?	Tu es souvent dans *ta chambre*?
9 Ja, om te *kletsen met mijn vrienden*.	Oui, pour *discuter avec mes copains*.

PHRASES-CLÉS 2 HAVO/VWO

CHAPITRE 3

Winkelen	Faire les magasins
1 Gaan we *dit weekend naar de stad*?	On va *en ville, ce weekend*?
2 Ja, ik wil *een nieuwe spijkerbroek* kopen.	Oui, je voudrais acheter *un nouveau jean*.
3 Hoe vind je *deze blauwe spijkerbroek*?	Comment tu trouves ce *jean bleu*?
4 *Niet slecht. / Leuk.*	*Pas mal.*
5 Hoeveel kost *het*?	*Il* coute combien?
6 Slechts 45 euro.	45 euros seulement
7 Dat is niet duur.	Ce n'est pas cher.
8 Welke maat heb je?	Tu fais quelle taille?
9 *M.*	Du *M.*
10 Wil je het kopen?	Tu veux l'acheter?
11 Ja, *hij* is *mooi*.	Oui, *il* est *beau!*
12 Nee, *hij* is te *klein*.	Non, *il* est trop *petit*.

Vertellen over iemand	Parler de quelqu'un
1 Wat wil je kopen?	Qu'est-ce que tu veux acheter?
2 Ik zoek *een cadeau* voor *Lucas*.	Je cherche *un cadeau* pour *Lucas*.
3 Waar houdt *hij* van?	Qu'est-ce qu'*il* aime?
4 Hij houdt van *sport* en *videogames*.	Il aime *le sport* et *les jeux vidéos*.
5 Wat vindt *hij* leuk om te dragen?	Qu'est-ce que *il* aime porter?
6 *Hij* draagt vaak *gympen* en *een pet*.	*Il* porte souvent *des baskets* et *une casquette*.
7 Gaan we naar *Mode&Co?*	On va à *Mode&Co?*
8 Oké! Laten we gaan!	D'accord! On y va!

CHAPITRE 5

Vertellen dat je ziek bent	Dire que tu es malade
1 Gaat het?	Ça va?
2 Nee, ik ben niet in vorm.	Non, je ne suis pas en forme.
3 Ik denk dat ik *ziek* ben.	Je pense que je suis *malade*.
4 Wat heb jij?	Qu'est-ce que tu as?
5 Ik heb *hoofdpijn*.	J'ai mal *à la tête*.
6 Ik heb *39* graden koorts.	J'ai *39* de fièvre.
7 Ik kan niets *eten*.	Je ne peux rien *manger*.
8 Ga je naar de arts?	Tu vas voir le docteur?
9 Ja, ik heb *morgen* een afspraak.	Oui, j'ai rendez-vous *demain*.
10 Nee, ik blijf *in bed*.	Non, je reste *au lit*.

Vertellen over je gezondheid	Parler de sa santé
1 Ben je gezond?	Tu es en bonne santé?
2 Ja, ik ben nooit *ziek*.	Oui, je ne suis jamais *malade*.
3 Sport jij?	Tu fais du sport?
4 Ja, omdat *ik het leuk vind* om te *bewegen*.	Oui, parce que *j'aime bouger*.
5 Nee, ik sport niet.	Non, je ne fais pas de sport.
6 Wat doe je voor sport?	Qu'est-ce que tu fais comme sport?
7 Ik *voetbal*.	Je fais *du foot*.
8 Ik train *drie* keer per week.	Je m'entraine *trois* fois par semaine.
9 Eet je goed?	Est-ce que tu manges bien?
10 Ja, ik eet veel *fruit*.	Oui, je mange beaucoup de *fruits*.
11 Maar ik lust geen *groenten*.	Mais je déteste *les légumes*.

CHAPITRE 6

Iemand ontmoeten		Rencontrer quelqu'un
1	Hoi, spreek je *Frans*?	Salut, tu parles *français*?
2	Ja, ik spreek *een beetje Frans*.	Oui, je parle *un peu français*.
3	Hoe heet je?	Comment tu t'appelles?
4	Ik heet *Willem*.	Je m'appelle Willem.
5	Sorry?	Pardon?
6	Willem: W-I-L-L-E-M.	Willem: W-I-L-L-E-M.
7	Waar kom je vandaan?	Tu viens d'où?
8	Ik kom uit *Nederland*.	Je viens *des Pays-Bas*.
9	Wanneer ga je weg?	Tu pars quand?
10	Ik ga *over twee weken* weg.	Je pars *dans deux semaines*.
11	Gaan we *morgen naar het zwembad*?	On va *à la piscine demain*?
12	Ja, hoe laat?	Oui, à quelle heure?
13	Om *10* uur.	À *dix* heures?
14	Oké! Tot morgen!	D'accord! À demain!

Informatie vragen		Demander des informations
1	Kunt u mij helpen?	Vous pouvez m'aider?
2	Ja, natuurlijk.	Oui, bien sûr.
3	Waar is *de supermarkt*?	Où est *le supermarché*?
4	Neem de *eerste* straat *rechts*.	Prends la *première* rue *à droite*.
5	Sorry. Kunt u het herhalen?	Excusez-moi. Vous pouvez répéter?
6	Ja, neem de *eerste* straat *rechts*.	Oui, prends la *première* rue *à droite*.
7	Hoe laat gaat *de supermarkt* dicht?	À quelle heure ferme *le supermarché*?
8	Hij is van *8* tot *21* uur geopend.	Il est ouvert de *8 heures* à *21 heures*.
9	Heeft u *een plattegrond van de stad*?	Vous avez *un plan de la ville*?
10	Ja, natuurlijk.	Oui, voilà.

CHAPITRE 7

Vertellen over je weekend		Parler de ton weekend
1	Ben je *naar het concert van MHD* gegaan?	Tu es allé *au concert de MHD*?
2	Ik ben *een maand geleden naar het concert van MHD* gegaan.	Oui, je suis allé *au concert de MHD il y a un mois*.
3	Hoe was het?	C'était comment?
4	Het was *geweldig*.	C'était *génial*.
5	Wat doe je *dit weekend*?	Qu'est-ce que tu fais *ce weekend*?
6	*Zaterdag* ga ik *naar het feest van Enzo*	*Samedi*, je vais *à la fête d'Enzo*.
7	Oh, ja! *Super!* Met wie?	Ah ouais! *Super!* Avec qui?
8	Met *mijn vriendin Sarah*.	Avec *ma copine Sarah*.
9	Zullen we dan samen gaan?	Alors, on y va ensemble?
10	Ja, *te gek*!	Oui, *trop bien!*

Iemand uitnodigen		Inviter quelqu'un
1	Kom je bij mij eten *vanavond*?	Tu viens manger chez moi *ce soir*?
2	Ja, dat wil ik graag.	Oui, je veux bien.
3	Ik ga het aan mijn ouders vragen.	Je vais demander à mes parents.
4	Nee, ik kan niet, ik heb *zaterdag*.	Non, je ne peux pas, je préfère *samedi*.
5	Eet je vlees?	Tu manges de la viande?
6	Nee, ik ben vegetarisch.	Non, je suis végétarien(ne).
7	Vind je *pasta* lekker?	Tu aimes *les pâtes*?
8	Ja, ik ben er gek op!	Oui, j'adore ça!
9	En zullen we daarna *een film kijken*?	Et après, on *regarde un film*?
10	Ja, oké. Ik ga *chips* kopen.	Oui, d'accord! Je vais acheter des *chips*.

PHRASES-CLÉS 3 HAVO

CHAPITRE 1

	Vertellen over social media	Parler des réseaux sociaux
1	Wat is de wificode?	Quel est le code WiFi?
2	Dat is ... en het wachtwoord is ...	C'est... et le mot de passe c'est...
3	Heb je *Insta*?	Tu as *Insta*?
4	Natuurlijk, *mijn account is ...*	Bien sûr, *mon compte c'est...*
5	Post je veel *foto's*?	Tu publies beaucoup de *photos*?
6	Ja, en ik post ook *video's*.	Oui, et je poste aussi *des vidéos*.
7	Wat post je nog meer?	Qu'est-ce que tu publies d'autre?
8	Ik post ook *stories*.	Je publie aussi *des stories*.
9	Volg je *Théo Gordy?*	Tu suis *Théo Gordy*?
10	Ja, ik kijk naar zijn *video's*.	Oui, je regarde *ses vidéos*.
11	Nee, ik volg geen *sterren*.	Non, je ne suis pas de *stars*.

	Vertellen over zijn vrienden	Parler de ses amis
1	Wie is *je beste vriend*?	Qui est *ton meilleur ami*?
2	*Mijn beste vriend* is *Max*.	*Mon meilleur ami*, c'est *Max*.
3	Ik ken *hem* sinds *tien* jaar.	Je *le* connais depuis *dix* ans.
4	Ik heb *Max bij de sportclub* ontmoet.	J'ai rencontré *Max au club de sport*.
5	Waarom is het *je beste vriend*?	Pourquoi c'est *ton meilleur ami*?
6	*Hij is aardig* en we *kunnen over alles praten*.	*Il* est *sympa* et on *peut parler de tout*.
7	We *spelen* graag samen *online*.	On aime *jouer en ligne* ensemble.
8	We zien elkaar *bijna elke dag*.	On se voit *presque tous les jours*.

CHAPITRE 2

	Vertellen over zijn vrije tijd	Parler de son temps libre
1	Wat doe je *in het weekend*?	Qu'est-ce que tu fais *le weekend*?
2	*'s Ochtends, slaap ik uit*.	*Le matin, je fais la grasse matinée*.
3	En *daarna?*	Et *après*?
4	Ik vind het leuk om *naar de stad te gaan* met *mijn vrienden*.	J'aime *aller en ville* avec *mes copains*.
5	Wat doe je nog meer?	Qu'est-ce que tu fais d'autre?
6	Ik *kijk naar online series*.	Je *regarde des séries sur Internet*.
7	Wat is je lievelingsserie?	Quelle est ta série préférée?
8	Dat is *Plan Cœur*, een serie over *vriendschap*.	C'est *Plan Cœur*, une série sur *l'amitié*.

	Vertellen over zijn vrije tijd	Parler de son temps libre
1	Wat vind je leuk om te doen?	Qu'est-ce que tu aimes faire?
2	Ik vind het leuk om te *sporten*.	J'aime *faire du sport*.
3	Ik vind het leuk om *naar de bioscoop te gaan*.	J'aime *aller au cinéma*.
4	Waarom vind je dat leuk (om te doen)?	Pourquoi tu aimes (faire) ça?
5	Omdat ik *met mijn vrienden sport*.	Parce que je *fais du sport avec mes amis*.
6	Omdat het *super* is.	Parce que *c'est super*.
7	Omdat ik *sportief* ben.	Parce que *je suis sportif*.
8	Wat vind je niet leuk om te doen?	Qu'est-ce que tu n'aimes pas faire?
9	Ik heb een hekel aan *mijn kamer opruimen*.	Je déteste *ranger ma chambre*.

CHAPITRE 3

Vertellen over een reis	Parler d'un voyage
1 Waar ga je heen?	Tu vas où?
2 Ik ga *naar Nice met de trein.*	Je vais *à Nice en train.*
3 Hoe laat vertrek je?	Tu pars à quelle heure?
4 Ik vertrek om *twee uur.*	Je pars à *deux heures.*
5 Hoe lang duurt de reis?	Le voyage dure combien de temps?
6 De reis duurt *een uur.*	Le voyage dure *une heure.*
7 Is het een rechtstreekse *trein*?	C'est *un train* direct?
8 Nee, je moet overstappen in ...	Non, il faut changer à ...
9 Moet je reserveren?	Il faut réserver?
10 Ja, dat is verplicht.	Oui, c'est obligatoire.
11 Is het duur?	Ça coute cher?
12 Nee, een *enkele reis* kost 15 euro.	Non, *un aller-simple* coute 15 euros.

Vertellen over zijn vakantie	Parler de ses vacances
1 Ben je hier op vakantie?	Tu es en vacances ici?
2 Ja, ik verblijf in *Hotel des Alpes.*	Oui, je suis à *l'hôtel des Alpes.*
3 Hoe vind je *het*?	Comment tu *le* trouves?
4 Niet slecht, er is *een zwembad.*	Pas mal, il y *une piscine.*
5 *Het ontbijt* is *heel goed.*	*Le petit déjeuner* est *très bon.*
6 Het is naast *de skipiste.*	C'est à côté de *la piste de ski.*
7 Er is *een ijsbaan tegenover.*	*En face*, il y a *une patinoire.*
8 Maar de kamer is *te klein.*	Par contre, la chambre est *trop petite.*
9 Mijn bed is niet *comfortabel.*	Mon lit n'est pas *confortable.*

CHAPITRE 5

Met een vriend uit gaan eten	Aller au restaurant avec un ami
1 Wat wil je *drinken*?	Qu'est-ce que tu veux *boire*?
2 Ik wil graag *een glas water.*	Je voudrais *un verre d'eau.*
3 Wat neem jij?	Qu'est-ce que tu prends?
4 Ik neem *het dagmenu.*	Je prends *le plat du jour.*
5 Wat is *het dagmenu?*	Qu'est-ce que c'est *le plat du jour*?
6 Dat is *kip met olijven.*	C'est *le poulet aux olives.*
7 Neem je ook *een toetje*?	Tu prends aussi *un dessert*?
8 Ik weet het nog niet.	Je ne sais pas encore.
9 Zullen we bestellen?	Alors, on commande?
10 Ja, ik heb honger.	Oui, j'ai faim.

Zich redden in een restaurant	Se débrouiller au restaurant
1 Sorry, het klopt niet. Ik heb geen *vis* besteld.	Excusez-moi, il y a une erreur. Je n'ai pas commandé de *poisson.*
2 Mag ik *mayonaise*?	Je peux avoir *de la mayonnaise*?
3 Ik heb geen *mes.*	Je n'ai pas de *couteau.*
4 Heeft u nog *brood*?	Vous avez encore *du pain*?
5 Zitten er *noten* in dit gerecht?	Il y a *des noix* dans ce plat?
6 *Mijn frietjes* zijn *koud.*	*Mes frites* sont *froides.*
7 *Een karaf water*, alstublieft.	*Une carafe d'eau*, s'il vous plait.

CHAPITRE 6

Zichzelf voorstellen	Se présenter
1 Kun je je voorstellen?	Tu peux te présenter?
2 Ik heet *Leila* en ik ben *16* jaar.	Je m'appelle *Leila* et j'ai *16* ans.
3 Ik kom uit *Amsterdam, in Nederland*.	Je viens *d'Amsterdam, aux Pays-Bas*.
4 Ik ben van *Marokkaanse* afkomst.	Je suis d'origine *marocaine*.
5 Ik heb *een zusje* en *een halfbroer*.	J'ai *une petite sœur* et *un demi-frère*.
6 Ik lijk op *mijn zus*, maar *zij* is *minder serieus* dan ik.	Je ressemble à *ma sœur*, mais *elle* est *moins sérieuse* que moi.
7 Ik kan goed opschieten met *mijn zusje*.	Je m'entends bien avec *ma petite sœur*.
8 Met *mijn halfbroer* heb ik de hele tijd ruzie.	Avec *mon demi-frère*, on se dispute tout le temps.

Vertellen over zijn gewoontes	Parler de ses habitudes
1 Hoe laat sta jij op?	Tu te lèves à quelle heure?
2 Ik sta om *zeven uur* op.	Je me lève à *sept heures*.
3 Hoe laat ga jij *naar school*?	À quelle heure, tu pars *à l'école*?
4 Ik ga om *acht uur* weg.	Je pars à *huit heures*.
5 Wat doe jij *na schooltijd*?	Qu'est-ce que tu fais *après l'école*?
6 Ik ga *naar de sportschool*.	Je vais *à la salle de sport*.
7 En *in het weekend*?	Et *le weekend*?
8 Ik vind het leuk om *uit* te *gaan*.	J'aime *sortir*.
9 Met wie?	Avec qui?
10 Met *mijn beste vriend*.	Avec *mon meilleur copain*.

CHAPITRE 7

Vertellen over geld	Parler d'argent
1 Krijg jij zakgeld?	Tu as de l'argent de poche?
2 Ja, ... euro per *maand*.	Oui, ... euros par *mois*.
3 Nee, maar ik heb een bijbaantje.	Non, mais j'ai un petit boulot.
4 Wat doe je ermee?	Qu'est-ce que tu fais avec?
5 Ik koop *kleren*.	J'achète *des vêtements*.
6 Ik betaal *mijn telefoonabonnement*.	Je paye *mon abonnement de téléphone*.
7 Ik ga naar *de bioscoop*.	Je vais *au cinéma*.
8 Spaar jij ook?	Tu fais aussi des économies?
9 Ja, om *een scooter* te kopen.	Oui, pour m'acheter *un scooter*.

Dingen omschrijven	Décrire quelque chose
1 Heb je *een nieuwe mobiel*?	Tu as *un nouveau portable*?
2 Ja, kijk. *Hij* is *super*.	Oui, regarde! *Il* est *super*.
3 Wat doe je ermee?	Qu'est-ce que tu fais avec?
4 Ik gebruik het om ...	Je l'utilise pour ...
5 Het is handig om ...	C'est pratique pour ...
6 Het is *een plastic ding* om ...	C'est *un truc en plastique* pour ...
7 Kun je omschrijven ...?	Tu peux décrire ...?
8 Het is een soort van ...	C'est une sorte de ...
9 Het is *rond*.	C'est *rond*.
10 Het is *blauw*.	C'est *bleu*.
11 Het is *groot*.	C'est *grand*.

WOORDEN LEREN

Woorden leren ▶ *1hv, chapitre 1*

Kijk eens in de woordenlijst welke woorden je al kent. Sommige Franse woorden zijn namelijk (bijna) hetzelfde als in het Nederlands.

Mannelijke en vrouwelijke woorden ▶ *1hv, chapitre 2*

In de *Arrêt* aan het eind van elk hoofdstuk staat altijd *le* of *la* voor een zelfstandig naamwoord. Zo weet je of een woord mannelijk of vrouwelijk is. Als het woord met een klinker of een *h* die je niet hoort begint, dan staat erachter of het mannelijk (*m*) of vrouwelijk (*v*) is.

Leren met een ritme, op rijm of op een melodie ▶ *1hv, chapitre 3*

Er zijn veel manieren waarop je woorden kunt leren en onthouden. Als je verschillende manieren uitprobeert, ontdek je welke manier het beste bij jou past. Je kunt woorden leren door er een ritme, rijm of melodie bij te bedenken. Dit kan door bijvoorbeeld te klappen, stampen, zingen of rappen.

Slim stampen ▶ *1hv, chapitre 5*

Gebruik je Slim stampen al? Het is een manier om gemakkelijker en beter woorden te leren. Heb je een fout gemaakt of moet je lang nadenken over een woord? Dan komt het automatisch een keertje (extra) terug. Net zolang totdat je het goed kent.

Leren met gebaren ▶ *1hv, chapitre 6*

Je hebt al geoefend met enkele manieren waarop je woorden kunt leren en onthouden. Bijvoorbeeld met Slim stampen, uit de *Arrêt* in je boek of door een ritme of melodie te bedenken bij de woorden.
Je kunt ook woorden leren door er een gebaar (*un geste*) bij te maken. Het gebaar verzin je zelf.

Leren met beeld ▶ *2hv, chapitre 7*

Er zijn veel manieren waarop je woorden kunt leren en onthouden. Je kunt bijvoorbeeld woorden leren door ze te visualiseren. Dit houdt in dat je aan een beeld denkt bij een woord.

Leerstof verdelen ▶ *2hv, chapitre 1*

Bij de woordenlijst heb je altijd vier blokjes van vijf woorden. Je hoeft niet alle twintig woorden in één keer te leren. Leer eerst de eerste vijf woorden. Pas als je ze goed kent, ga je verder met de volgende vijf woorden. Blijf de woorden die je geleerd hebt herhalen en neem af en toe pauzes. Zo onthoud je ze beter.

Plaatjes ▶ *2hv, chapitre 2*

Je kunt ook woorden leren door er een plaatje bij te bedenken. Maak tekeningen of zoek foto's en schrijf de Franse woorden die erbij horen op. Dankzij de plaatjes zul je de woorden makkelijker onthouden.

Ezelsbruggetjes ▶ *2hv, chapitre 3*

Een ezelsbruggetje is een rijmpje of een handigheidje om iets te onthouden. Meestal heeft het te maken met de klank, de vorm of de schrijfwijze van een woord. Bijvoorbeeld:
de leraar = *le professeur* ... want de leraar heeft één fiets (dus 1 *f*) en twee sokken (dus een dubbele *s*).

Woorden leren met kaartjes ▶ *2hv, chapitre 5*

Je kunt woorden leren door kaartjes met de woorden uit de woordenlijst te maken. Schrijf het Franse woord op de voorkant en de Nederlandse vertaling op de achterkant. Als je gaat leren, leg je de kaartjes met de woorden die je al kent op een stapel. Leg de kaartjes met de woorden die je nog niet kent op een tweede stapel. Uiteindelijk zul je merken dat je tweede stapel steeds kleiner wordt. Je kunt ook gekleurde kaartjes gebruiken: blauw voor mannelijke en roze voor vrouwelijke woorden.

Woordweb ▶ *2hv, chapitre 6*

Bij het leren van woorden is het handig om woorden die iets met elkaar te maken hebben bij elkaar te zetten. Dit kan door het maken van een woordweb. In het midden zet je het onderwerp en daaromheen de woorden die daarmee te maken hebben.

SIGNAALWOORDEN

Signaalwoorden (*connecteurs*) zijn belangrijke woorden in een tekst. Ze geven een verband aan tussen twee zinnen, ainea's of tekstdelen.

Verband	Signaalwoorden
opsomming, toevoeging	et (*en*), aussi (*ook*), en plus (*bovendien*) ...
	Exemple: Je fais du foot, du tennis *et* du hockey.
reden	parce que (*omdat*), car (*want*) ...
	Exemple: Je reste à la maison *parce que* je suis malade.
gevolg	donc (*dus*), c'est pourquoi (*daarom*) ...
	Exemple: Il pleut *donc* je prends un parapluie.
tegenstelling	mais (*maar*), par contre (*integendeel*), pourtant (*toch*) ...
	Exemple: J'aime le pantalon rouge *mais* pas le bleu.
tijd	d'abord (*ten eerste*), ensuite (*vervolgens*), puis (*daarna*), après (*na, daarna*), enfin (*ten slotte*), depuis (*sinds*)...
	Exemple: D'abord, je vais au collège, *puis* je vais au club de sport.
voorbeeld	par exemple (*bijvoorbeeld*), ainsi (*op die manier*) ...
	Exemple: Je vais souvent en France. *Par exemple*, je suis allé à Paris, à Nantes et à Marseille.

FRANS-NEDERLANDS

A

acheter (7B)	kopen
l'adulte *m/v* (6A)	de volwassene
l'addition *v* (1A)	de rekening
admirer (1F)	bewonderen
à l'âge de 10 ans (5F)	op 10-jarige leeftijd
agréable (3A)	prettig
aider (2B, 3A)	helpen
j'aimerais (7A)	ik zou het leuk vinden
avoir l'air (2A, 5A)	eruitzien
j'allais (5B)	ik ging
aller à la salle de sport (2E)	naar de sportschool gaan
aller au restaurant (2E)	naar het restaurant gaan
l'aller-retour *m* (3A)	het retourtje
alors que (7B)	terwijl
américain(e) (1F)	Amerikaans
amoureux, -euse (2F)	verliefd
s'amuser (7B)	zich vermaken
amuse-toi bien! (1A)	veel plezier!
la petite annonce (3F)	de advertentie
appeler (2A)	bellen
l'appli *v* (1A)	de app
apporter (5E)	brengen
apprécier (7F)	waarderen
apprendre (5B, 7B)	leren
après (6A)	na
l'arabe *m* (3B)	het Arabisch (*taal*)
l'argent de poche *m* (7A)	het zakgeld
l'argent *m* (1F, 2B)	het geld, het zilver
arrêter (1B, 6B)	stoppen
ça arrive (7F)	het overkomt
l'arrivée *v* (3A)	de aankomst
arriver en retard (6E)	te laat komen
j'en ai assez (2F, 6E)	ik heb er genoeg van
assieds-toi (6E)	ga zitten
l'assiette *v* (5E)	het bord
attendre (1A)	wachten
attirer l'attention (5F)	de aandacht trekken
augmenter (7A)	verhogen
j'aurai (3E)	ik zal hebben/krijgen
autre (7A)	andere
j'avais (2B, 7A)	ik had
il y avait (7F)	er was/waren
avant (3F, 6B)	vóór (*tijd*)
l'avantage *m* (3B)	het voordeel
l'avenir *m* (7B)	de toekomst
l'avion *m* (3A)	het vliegtuig
l'avis *m* (2B)	de mening

B

faire du baby-sitting (7A)	oppassen
le bac (6B)	het eindexamen
la banlieue (6B)	de buitenwijk
le bateau (5F)	de boot
bavarder (1E)	kletsen
avoir besoin (de) (1B, 5A, 7A)	nodig hebben
le beurre (5E)	de boter
bientôt (7A)	binnenkort
bienvenue (1A, 3A)	welkom
blaguer (3E)	grappen maken
blanc, blanche (7E)	wit
bleu(e) (7E)	blauw
le bœuf (5A)	het rundvlees
en bois (7E)	van hout
la boite (5A)	de doos, het blik
bon, bonne (1B)	goed
les bonbons *m mv* (7B)	de snoepjes
bonne chance! (6A)	succes!
bonsoir (6A)	goedenavond
le petit boulot (5E)	het baantje
la bouteille (5A)	de fles
le but (5F)	het doel

C

c'est pourquoi (5B)	daarom
c'était (2A)	het was
ça me rend fou (2E)	daar word ik gek van
la caissière (7A)	de kassière
au camping (3E)	op de camping
le car (3A)	de streekbus
car (5B)	want
carré(e) (7E)	vierkant
la carte (5E)	de menukaart
le casque (7A)	de koptelefoon
cassé(e) (5F)	gebroken, kapot
à cause de (3A, 6B)	vanwege
ce soir (6A)	vanavond
la célébrité (6A)	de beroemdheid
cent (1F)	honderd
le centre-ville (3B)	het centrum
le cerveau (1F, 7F)	de hersenen
le champion (2B)	de kampioen
chaque (2B, 6B)	ieder, elke
chaud(e) (5F)	warm
cher, chère (1F, 7A)	duur
chercher (3A)	ophalen, zoeken
les cheveux *m mv* (6F)	het haar

chez des amis (1E)	bij vrienden
chez moi (2A)	bij mij
choisir (2F)	kiezen
la chose (7B)	het ding
au club de sport (1E)	op de sportclub
commander (5B)	bestellen
comme (2B, 6A)	als, zoals
commencer (2A)	beginnen
le commentaire (1A)	het commentaar
le commerce (2F)	de handel
comparer (6F)	vergelijken
compliqué(e) (7A)	ingewikkeld
je comprends (6A)	ik begrijp (het)
compter (1F, 7B)	(mee)tellen
le concours (1F)	de wedstrijd
la condition (7F)	de voorwaarde
la confiance (6A)	het vertrouwen
je la connais (1E)	ik ken haar
connaitre (2B, 7B)	kennen
le conseil (1B, 5B)	het advies
la construction (5F)	de bouw
construire (3F)	bouwen
continuer (3A)	doorgaan
contrairement à (6F)	in tegenstelling tot
contre (3F)	tegen
à côté (de) (3E)	naast
je me couche (6E)	ik ga naar bed
courageux, -euse (6A)	moedig
couramment (6A)	vloeiend
le cours (2A)	de les
faire les courses (2E)	boodschappen doen
le couteau (5E)	het mes
la crêpe (5A)	de pannenkoek
croire (6B)	geloven
la cuillère (5E)	de lepel
le cuisinier (5B)	de kok
curieux, -euse (2F)	nieuwsgierig

D

d'abord (2E, 5B)	ten eerste
dans une heure (3A)	over een uur
le début (2B)	het begin
découvrir (3B)	ontdekken
décrire (5F)	beschrijven
déjà (2A)	al
le déjeuner (3E)	de lunch
délicieux, -euse (3E, 5F)	heerlijk
demander (3A, 7B)	vragen
la dent (1B)	de tand
le départ (3A)	het vertrek
dépenser (7A)	uitgeven
depuis (5B)	sinds
déranger (2F)	storen
derrière (1A)	achter
descendre (3A)	uitstappen
le désert (3B)	de woestijn
je suis désolé (3A)	het spijt me
la destination (3A)	de bestemming
deux heures moins le quart (6E)	kwart voor twee
devant (1A)	voor (*plaats*)
devenir (5B)	worden
différent(e) (6A)	verschillend
diminuer (3F)	verminderen
le diner (3E)	het avondeten
dingue (6A)	gek
dire (1A)	zeggen
la direction (3A)	de richting
discuter (2A)	kletsen
la dispute (6A)	de ruzie
je dois (7A)	ik moet
dommage (7A)	jammer
donc (5B)	dus
donne-moi! (1A)	geef mij!
le droit (6F)	het recht
drôle (1A)	grappig
dur (2A)	hard, moeilijk

E

l'eau *v* (6F)	het water
à l'école (1E)	op school
écolo(gique) (3F)	milieubewust
faire des économies (7A)	sparen
l'écran *m* (2B)	het scherm
égoïste (1E)	egoïstisch
l'émission *v* (6A)	de uitzending
en plus (2B)	bovendien
l'endroit *m* (2F)	de plek
énervant(e) (6A)	irritant
enfin (5A, 7F)	(uit)eindelijk
ennuyeux, -euse (2E)	saai
ensemble (6B)	samen
entendre (3A)	horen
l'entrainement *m* (2B)	de training
entre (6B)	tussen
l'entrée *v* (2A)	de ingang
l'entreprise *v* (2F)	het bedrijf
avoir envie (de) (2A)	zin hebben (om)
l'environnement *m* (3F)	het milieu
les environs *m mv* (6F)	de omgeving
l'épisode *m* (2A)	de aflevering
l'équipe *v* (5B)	het team
l'espace *m* (2F)	de ruimte
espérer (2E)	hopen
j'étais (5B)	ik was

F - N

il était (6B)	hij was
on était (1A)	wij waren
l'été *m* (7B)	de zomer
l'étoile *v* (2F)	de ster
les études *v mv* (6B)	de studie
exister (1F)	bestaan
l'expérience *v* (7F)	het experiment

F

en face de (3A)	tegenover
facile (1B)	makkelijk
avoir faim (5A)	honger hebben
faire attention à (1B)	opletten
il fait froid (3A)	het is koud
fatigué(e) (2A, 6E)	moe
il faut (2B, 5B)	je moet
la faute (7F)	de schuld
la femme (5F)	de vrouw
la fenêtre (5F)	het raam
fermer (7F)	sluiten
fêter (1F)	vieren
finir (6F)	eindigen
il finira (2F)	hij zal eindigen
faire du fitness (2E)	fitnessen
la fois (2B)	de keer
une fois par semaine (1E)	een keer per week
la formation (5B)	de opleiding
la fourchette (5E)	de vork
le fromage (5A)	de kaas
la frontière (7F)	de grens

G

gagner de l'argent (7A)	geld verdienen
garder (1B)	bewaren
garder (*quelqu'un*) (2E)	(*op iemand*) passen
la gare (3A)	het station
le gâteau (3B)	het gebak
généreux, -euse (7B)	gul
les gens *m mv* (1B)	de mensen
gentil, gentille (5A)	lief
la glace (5A)	het ijs
grâce à (1A)	dankzij
faire la grasse matinée (2A)	uitslapen
gratuit(e) (7B)	gratis
ce n'est pas grave (5E)	het is niet erg

H

je m'habille (6E)	ik kleed me aan
l'habitant *m* (2F)	bewoner
avoir l'habitude de (6A)	gewend zijn om
haut(e) (2B)	hoog
hésiter (5A)	twijfelen
à une heure (6E)	om één uur
une heure et demie (6E)	half twee
une heure et quart (6E)	kwart over een
heureusement (3B)	gelukkig maar
heureux, -euse (1A)	(ik ben) gelukkig
l'hiver *m* (7B)	de winter

I

impossible (1F)	onmogelijk
l'inconvénient *m* (3B)	het nadeel
intelligent(e) (1E)	slim
intéressant(e) (2E)	interessant
à l'intérieur (2F)	binnen
inventer (3F)	bedenken, uitvinden
j'irai (3B)	ik zal gaan

J

jaune (7E)	geel
le jeu (2B)	het spel
jeune (5B)	jong
jouer à la console (2A)	gamen
jouer de la guitare (1E)	gitaar spelen
le jour (2F)	de dag
le journal (3F)	de krant
jusqu'à (2A, 6E)	tot

K

le ketchup (5E)	de ketchup

L

le lait (5A)	de melk
léger, légère (7E)	licht
je me lève (2A, 6E)	ik sta op
lire (2B)	lezen
le lit (3E)	het bed
long, longue (2F)	lang
lourd(e) (7E)	zwaar
les lunettes de soleil *v mv* (7B)	de zonnebril

F - N

M

faire les magasins (2A)	winkelen
le magazine (2B)	het tijdschrift
maintenant (1B)	nu
manger (5A)	eten
manquer (3B)	missen
marcher (7F)	lopen
marocain(e) (3B)	Marokkaans
marrant(e) (1E, 6A)	grappig
mauvais(e) (3E)	slecht
méchant(e) (1E)	gemeen
la meilleure amie (1E)	de beste vriendin
même (2B, 7B)	zelfs
le/la même (6A)	hetzelfde, dezelfde
la mémoire (7F)	het geheugen
menacer (5F)	bedreigen
la mer (5F)	de zee
le message (1A)	het bericht
en métal (7E)	van metaal
le métier (3F, 5B)	het beroep
mettre (5A)	aandoen
midi (6E)	twaalf uur 's middags
mieux (1F)	beter
mignon, mignonne (6A)	schattig
mille (1F)	duizend
un million (1F)	een miljoen
minuit (6E)	twaalf uur 's nachts
moi aussi (3E)	ik ook
le monde (2F, 6B)	de wereld
la monnaie (7B)	het kleingeld
monter (3A)	instappen
montrer (1B, 6B)	laten zien
mort(e) (2A)	dood
le mot (6A)	het woord
la moutarde (5E)	de mosterd
le moyen (2F)	het middel
en moyenne (1F)	gemiddeld
moyenne (6F)	gemiddeld

N

nager (5F)	zwemmen
ne ... aucun(e) (6B)	geen enkele
né(e) (1B)	geboren
ne...que (6F)	alleen maar, slechts
la neige (3A)	de sneeuw
noir(e) (7E)	zwart
le nombre (7B)	het aantal
nombreux (3B, 6B)	talrijk, veel
la note (6F)	het (school)cijfer
nouveau, nouvelle (1B)	nieuw
nul(le) (2E)	waardeloos

O

l'or *m* (1F, 6F)	het goud
orange (7E)	oranje
ou (5B)	of
oublier (1B)	vergeten

P

par an (1F)	per jaar
par exemple (7A)	bijvoorbeeld
paresseux, -euse (1E, 6A)	lui
parfois (2B)	soms
le parfum (1F)	de smaak
je pars (6E)	ik vertrek
partir (3B)	vertrekken
pas mal (2E)	niet slecht
passer (2A)	doorbrengen
passionnant(e) (2E)	boeiend
la patience (7F)	het geduld
le patron (3E)	de baas
pauvre (1F)	arm
payer (1A)	betalen
payer (7A)	betalen
pendant (7B)	tijdens
penser (1A, 6A)	denken
perdre (6F)	verliezen
le petit déjeuner (3E)	het ontbijt
un peu (de) (5F)	een beetje
peut-être (5A, 6A)	misschien
la photo (1A)	de foto
la pièce (7F)	de kamer
le pied (6A)	de voet
la plage (7A)	het strand
ça me fait plaisir (5A)	dat vind ik leuk
en plastique (7E)	van plastic
plein (de) (2E)	een heleboel
en plein air (6F)	buiten
la pluie (3F, 6F)	de regen
à plus (1A)	tot later
en plus (6F)	bovendien
plus petit(e) que (6A)	kleiner dan
plus tard (5A, 7F)	later
plusieurs (6B)	meerdere
plutôt (2A)	nogal
le poisson (5A)	de vis
le poivre (5E)	de peper
polluant(e) (2F)	vervuilend
la pollution (3B, 5F)	de vervuiling
le portable (1A)	de mobiele telefoon
la porte (6F)	de deur
le portemonnaie (7B)	de portemonnee
poser une question (6F)	een vraag stellen

F - N

le pourboire (5E)	de fooi
je pourrai (2A)	ik zal kunnen
pourtant (1B, 6B)	toch
pratiquer (7F)	(be)oefenen
premier, première (1B)	eerste
je prends le bus (6E)	ik neem de bus
près de (1A)	dichtbij
presque (1B)	bijna
prêt(e) (5A)	klaar
prêter (7B)	lenen (aan iemand)
principal(e) (3F)	belangrijkste
au printemps (3B)	in het voorjaar
le prix (1F)	de prijs
prochain(e) (2A)	volgende
profiter (7B)	genieten
propre (3E)	schoon
protéger (5F)	beschermen
prouver (1F)	bewijzen

Q

la qualité (3F)	de goede eigenschap
quand (6B)	toen, wanneer
le quartier (3B)	de wijk
quelqu'un (5F)	iemand
quelque chose (5A)	iets
quelques (6F)	enkele
quitter (6B, 7F)	verlaten

R

raconter (5B)	vertellen
la raison (1B)	de reden
râler (5E)	klagen
rater (le bus) (5F)	(de bus) missen
la réaction (1A)	de reactie
la récré (6F)	de (school)pauze
recyclable (3F)	recyclebaar
réfléchir (2B)	nadenken
refuser (6B, 7A)	weigeren
regarder la télé (1E)	televisie kijken
la reine (3F)	de koningin
remplir les rayons (7A)	vakken vullen
rencontrer (5F)	ontmoeten
le rendez-vous (3F)	de afspraak
rendre visite à (3A)	(*iemand*) bezoeken
les renseignements *m mv* (3A)	de inlichtingen
je rentre (6E)	ik ga naar huis
le repas (5B)	de maaltijd
se reposer (2A)	uitrusten
les réseaux sociaux *m mv* (1A)	de social media
ressembler à (3F)	lijken op
rester (3F)	blijven
retourner (5E)	teruggaan
se retrouver (2A)	elkaar treffen
réussir (5B, 6B)	slagen, succes hebben
la réussite (6F)	het succes
le rêve (5B)	de droom
revenir (6F)	terugkomen
rêver (5F)	dromen
ridicule (3E)	belachelijk
rigoler (2A)	lachen
rire (6B)	lachen
rond(e) (7E)	rond
rose (7E)	roze
rouge (7E)	rood
la Russie (6F)	Rusland

S

le sable (3B)	het zand
je sais (6A)	ik weet (het)
sale (3E)	vies
le sandwich (3A)	het broodje
la sauce (5E)	de saus
sauf (3B)	behalve
sauver (5A)	redden
savoir (1F)	weten
le scientifique (2F)	de wetenschapper
scientifique (7F)	wetenschappelijk
le sel (5E)	het zout
selon (2B)	volgens
le sens de l'humour (1B)	het gevoel voor humor
je serai (3A)	ik zal zijn
le serveur (7A)	de ober
la serviette (5E)	het servet
seul(e) (3A)	(ik ben) alleen
seulement (3B, 5F)	alleen maar, slechts
si (5A, 7A)	als
simple (3B)	eenvoudig
le site (web) (1A)	de (web)site
avoir soif (5A)	dorst hebben
la solution (3F)	de oplossing
la sortie (7A)	het uitstapje
sortir (2E)	uitgaan
sortir un chien (7A)	een hond uitlaten
sous (6A)	onder
souvent (1E)	vaak
faire du sport (1E, 2A)	sporten
les sports d'hiver *m mv* (3E)	wintersport
suivre (2E)	volgen
sur (3F, 7F)	op
sûr(e) (6A)	zeker
surtout (5F)	vooral

T

tard (2A)	laat
la tasse (5A)	het kopje
télécharger (1B)	downloaden
le temps (1B)	de tijd
avoir le temps (de) (2A, 6E)	tijd hebben (om)
le temps libre (2B, 3B)	de vrije tijd
terrible (2E)	vreselijk
la tête (1B, 2F)	het hoofd
un tiers (7F)	een derde (deel)
timide (1E)	verlegen
en tissu (7E)	van stof
tomber (6F)	vallen
tôt (2A)	vroeg
tous les ans (3F)	ieder jaar
tous les jours (6B)	elke dag
tout (3B)	alles
tout le monde (7F)	iedereen
le train (3A)	de trein
au travail (1E)	op het werk
le travail (3B, 6B)	het werk
travailler (1A, 5B, 7A)	werken
trop (de) (5A)	te
la trotinette (2F)	de step
trouver (3F)	vinden
le truc (1B)	het ding
tuer (5F)	doden

U

utile (7B)	nuttig
utiliser (1A)	gebruiken

V

j'y vais (1A)	ik ga weg
faire la vaisselle (2E, 7A)	afwassen
tu vas bien? (1A)	gaat het goed met je?
vas-y! (5A)	ga je gang!
le vendeur (7A)	de verkoper
vendre (1F)	verkopen
le vent (7F)	de wind
le verre (5A)	het glas
en verre (7E)	van glas
vert(e) (7E)	groen
le vêtement (3E)	het kledingstuk
le vétérinaire (3F)	de dierenarts
ça veut dire (5B)	het betekent
la viande (5A)	het vlees
la victime (2F)	de slachtoffer
vide (7B)	leeg
la vie (2B, 5A, 7F)	het leven
vieux, vieille (1B)	oud
violet(te) (7E)	paars
je vis (7F)	ik leef
le visiteur (1F)	de bezoeker
la vitesse (2F, 6F)	de snelheid
vivre (3B)	wonen
le voisin (7A)	de buurman
il voit (1A)	hij ziet
la voiture (3A)	de auto
la voix (6A)	de stem
voler (3F)	vliegen
le voyage (2F)	de reis
j'ai vu (1A)	ik heb gezien
la vue (sur) (3E)	het uitzicht (op)

NEDERLANDS-FRANS

A

aandoen	mettre (5A)
aankomst	l'arrivée *v* (3A)
aantal	le nombre (7B)
achter	derrière (1A)
advertentie	la petite annonce (3F)
aflevering	l'épisode *m* (2A)
afspraak	le rendez-vous (3F)
afwassen	faire la vaisselle (2E, 7A)
al	déjà (2A)
(ik ben) alleen	seul(e) (3A)
alleen (maar)	seulement (5F)
alles	tout (3B)
als (*vergelijking*)	comme (2B)
als (*voorwaarde*)	si (5A, 7A)
Amerikaans	américain(e) (1F)
andere	autre (7A)
app	l'appli *v* (1A)
Arabisch (*taal*)	l'arabe *m* (3B)
arm	pauvre (1F)
auto	la voiture (3A)
avondeten	le diner (3E)

B

baantje	le petit boulot (5E)
baas	le patron (3E)
bed	le lit (3E)
bedenken	inventer (3F)
een beetje	un peu (de) (5F)
begin	le début (2B)
beginnen	commencer (2A)
ik begrijp (het)	je comprends (6A)
behalve	sauf (3B)
belachelijk	ridicule (3E)
belangrijkste	principal(e) (3F)
bellen	appeler (2A)
bericht	le message (1A)
beroemdheid	la célébrité (6A)
beroep	le métier (3F, 5B)
beschrijven	décrire (5F)
bestaan	exister (1F)
beste vriendin	la meilleure amie (1E)
bestellen	commander (5B)
bestemming	la destination (3A)
betalen	payer (1A,7A)
beter	mieux (1F)
(iemand) bezoeken	rendre visite à (3A)
bij mij	chez moi (2A)
bij vrienden	chez des amis (1E)
bijna	presque (1B)
bijvoorbeeld	par exemple (7A)
binnenkort	bientôt (7A)
blauw	bleu(e) (7E)
blijven	rester (3F)
blik	la boite (5A)
boeiend	passionnant(e) (2E)
boodschappen doen	faire les courses (2E)
boot	le bateau (5F)
bord	l'assiette *v* (5E)
boter	le beurre (5E)
bovendien	en plus (2B, 6F)
brengen	apporter (5E)
broodje	le sandwich (3A)
buurman	le voisin (7A)

C

centrum	le centre-ville (3B)
(school)cijfer	la note (6F)
commentaar	le commentaire (1A)

D

dag	le jour (2F)
dankzij	grâce à (1A)
denken	penser (1A, 6A)
een derde (deel)	un tiers (7F)
deur	la porte (6F)
dichtbij	près de (1A)
ding	le truc (1B), la chose (7B)
doel	le but (5F)
dood	mort(e) (2A)
doorbrengen	passer (2A)
doorgaan	continuer (3A)
doos	la boite (5A)
dorst hebben	avoir soif (5A)
dromen	rêver (5F)
droom	le rêve (5B)
duizend	mille (1F)
dus	donc (5B)
duur	cher, chère (1F, 7A)

E

eenvoudig	simple (3B)
eerste	premier, première (1B)
egoïstisch	égoïste (1E)
eindelijk	enfin (5A, 7F)
eindexamen	le bac (6B)
eindigen	finir (6F)
elkaar treffen	se retrouver (2A)

elke	chaque (6B)
elke dag	tous les jours (6B)
enkele	quelques (6F)
het is niet erg	ce n'est pas grave (5E)
eruitzien	avoir l'air (2A, 5A)
eten	manger (5A)

F

fitnessen	faire du fitness (2E)
fles	la bouteille (5A)
fooi	le pourboire (5E)
foto	la photo (1A)

G

ga je gang!	vas-y! (5A)
ik ga naar bed	je me couche (6E)
ik ga naar huis	je rentre (6E)
ga zitten	assieds-toi (6E)
gaat het goed met je?	tu vas bien? (1A)
gamen	jouer à la console (2A)
gebak	le gâteau (3B)
geboren	né(e) (1B)
gebroken	cassé(e) (5F)
gebruiken	utiliser (1A)
geef mij!	donne-moi (1A)
geel	jaune (7E)
geheugen	la mémoire (7F)
gek	fou (2E), dingue (6A)
geld	l'argent *m* (1F, 2B)
geld verdienen	gagner de l'argent (7A)
(ik ben) gelukkig	heureux, -euse (1A)
gelukkig maar	heureusement (3B)
gemeen	méchant(e) (1E)
gemiddeld	moyenne (6F)
ik heb er genoeg van	j'en ai assez (2F, 6E)
gewend zijn om	avoir l'habitude de (6A)
ik heb gezien	j'ai vu (1A)
gitaar spelen	jouer de la guitare (1E)
glas	le verre (5A)
van glas	en verre (7E)
goed	bon, bonne (1B)
goedenavond	bonsoir (6A)
goud	l'or *m* (1F, 6F)
grappen maken	blaguer (3E)
grappig	drôle (1A), marrant(e) (1E, 6A)
gratis	gratuit(e) (7B)
grens	la frontière (7F)
groen	vert(e) (7E)
gul	généreux, -euse (7B)

H

het haar	les cheveux *m mv* (6F)
ik had	j'avais (7A)
half twee	une heure et demie (6E)
hard	dur (2A)
ik zal hebben	j'aurai (3E)
heerlijk	délicieux, -euse (3E, 5F)
een heleboel	plein (de) (2E)
helpen	aider (2B, 3A)
het is koud	il fait froid (3A)
het was	c'était (2A)
hetzelfde	le/la même (6A)
honderd	cent (1F)
honger hebben	avoir faim (5A)
hoofd	la tête (1B, 2F)
hoog	haut(e) (2B)
hopen	espérer (2E)
horen	entendre (3A)
van hout	en bois (7E)

I

ieder	chaque (2B)
ieder jaar	tous les ans (3F)
iedereen	tout le monde (7F)
iets	quelque chose (5A)
ijs	la glace (5A)
ik ook	moi aussi (3E)
ingang	l'entrée *v* (2A)
ingewikkeld	compliqué(e) (7A)
inlichtingen	les renseignements *m mv* (3A)
instappen	monter (3A)
interessant	intéressant(e) (2E)
inwoner	l'habitant *m* (2F)
irritant	énervant(e) (6A)

J

jammer	dommage (7A)
jong	jeune (5B)

K

kaas	le fromage (5A)
kamer	la pièce (7F)
kapot	cassé(e) (5F)
kassière	la caissière (7A)
keer	la fois (2B)
een keer per week	une fois par semaine (1E)
ik ken haar	je la connais (1E)

kennen	connaitre (7B)
ketchup	le ketchup (5E)
kiezen	choisir (2F)
klaar	prêt(e) (5A)
klagen	râler (5E)
kledingstuk	le vêtement (3E)
ik kleed me aan	je m'habille (6E)
kleiner dan	plus petit(e) que (6A)
kleingeld	la monnaie (7B)
kletsen	bavarder (1E), discuter (2A)
kopen	acheter (7B)
kopje	la tasse (5A)
koptelefoon	le casque (7A)
krant	le journal (3F)
k zal krijgen	j'aurai (3E)
ik zal kunnen	je pourrai (2A)
kwart over een	une heure et quart (6E)
kwart voor twee	deux heures moins le quart (6E)

L

laat	tard (2A)
lachen	rigoler (2A)
lang	long, longue (2F)
later	plus tard (5A, 7F)
lepel	la cuillère (5E)
leren	apprendre (5B, 7B)
les	le cours (2A)
ik zou het leuk vinden	j'aimerais (7A)
leven	la vie (2B, 5A, 7F)
lezen	lire (2B)
licht	léger, légère (7E)
lief	gentil, gentille (5A)
lijken op	ressembler à (3F)
lopen	marcher (7F)
lui	paresseux, -euse (1E, 6A)
lunch	le déjeuner (3E)

M

makkelijk	facile (1B)
Marokkaans	marocain(e) (3B)
meerdere	plusieurs (6B)
melk	le lait (5A)
mensen	les gens *m mv* (1B)
menukaart	la carte (5E)
mes	le couteau (5E)
van metaal	en métal (7E)
een miljoen	un million (1F)
misschien	peut-être (5A, 6A)
(de bus) missen	rater (le bus) (5F)
mobiele telefoon	le portable (1A)
moe	fatigué(e) (2A, 6E)
moedig	courageux, -euse (6A)
moeilijk	dur (2A), difficile
ik moet	je dois (7A)
(ik, je, hij ...)	il faut (5B)
mosterd	la moutarde (5E)

N

na	après (6A)
naast	à côté (de) (3E)
nadenken	réfléchir (2B)
ik neem de bus	je prends le bus (6E)
niet slecht	pas mal (2E)
nieuw	nouveau, nouvelle (1B)
nieuwsgierig	curieux, -euse (2F)
nodig hebben	avoir besoin (de) (1B, 5A, 7A)
nogal	plutôt (2A)
nu	maintenant (1B)

O

ober	le serveur (7A)
of	ou (5B)
om één uur	à une heure (6E)
onder	sous (6A)
onmogelijk	impossible (1F)
ontbijt	le petit déjeuner (3E)
ontdekken	découvrir (3B)
ontmoeten	rencontrer (5F)
op	sur (3F, 7F))
op de camping	au camping (3E)
op iemand passen	garder (*quelqu'un*) (2E)
op school	à l'école (1E)
ophalen	chercher (3A)
oplossing	la solution (3F)
oppassen	faire du baby-sitting (7A)
oranje	orange (7E)
oud	vieux, vieille (1B)
over een uur	dans une heure (3A)

P

paars	violet(te) (7E)
pannenkoek	la crêpe (5A)
(school)pauze	la récré (6F)
peper	le poivre (5E)
per jaar	par an (1F)
van plastic	en plastique (7E)
plek	l'endroit *m* (2F)

N - F

portemonnee	le portemonnaie (7B)
prettig	agréable (3A)
prijs	le prix (1F)

R

raam	la fenêtre (5F)
reactie	la réaction (1A)
recyclebaar	recyclable (3F)
redden	sauver (5A)
regen	la pluie (3F, 6F)
reis	le voyage (2F)
rekening	l'addition *v* (1A)
naar het restaurant gaan	aller au restaurant (2E)
retourtje	l'aller-retour *m* (3A)
richting	la direction (3A)
rond	rond(e) (7E)
rood	rouge (7E)
roze	rose (7E)
rundvlees	le bœuf (5A)
ruzie	la dispute (6A)

S

saai	ennuyeux, -euse (2E)
samen	ensemble (6B)
saus	la sauce (5E)
schattig	mignon, mignonne (6A)
schoon	propre (3E)
schuld	la faute (7F)
servet	la serviette (5E)
sinds	depuis (5B)
(web)site	le site (web) (1A)
slachtoffer	la victime (2F)
slagen	réussir (5B)
slecht	mauvais(e) (3E)
slechts	seulement (3B)
slim	intelligent(e) (1E)
sluiten	fermer (7F)
smaak	le parfum (1F)
sneeuw	la neige (3A)
snelheid	la vitesse (2F, 6F)
snoepjes	les bonbons *m mv* (7B)
social media	les réseaux sociaux *m mv* (1A)
soms	parfois (2B)
sparen	faire des économies (7A)
spel	le jeu (2B)
het spijt me	je suis désolé (3A)
op de sportclub	au club de sport (1E)
sporten	faire du sport (1E, 2A)
naar de sportschool gaan	aller à la salle de sport (2E)
ik sta op	je me lève (2A, 6E)
station	la gare (3A)
een vraag stellen	poser une question (6F)
stem	la voix (6A)
van stof	en tissu (7E)
stoppen	arrêter (1B, 6B)
storen	déranger (2F)
strand	la plage (7A)
streekbus	le car (3A)
succes!	bonne chance! (6A)

T

te	trop (de) (5A)
te laat komen	arriver en retard (6E)
team	l'équipe *v* (5B)
tegen	contre (3F)
tegenover	en face de (3A)
televisie kijken	regarder la télé (1E)
ten eerste	d'abord (2E, 5B)
teruggaan	retourner (5E)
terugkomen	revenir (6F)
tijd	le temps (1B)
tijd hebben (om)	avoir le temps (de) (2A, 6E)
tijdens	pendant (7B)
tijdschrift	le magazine (2B)
toch	pourtant (1B, 6B)
toekomst	l'avenir *m* (7B)
toen	quand (6B)
tot	jusqu'à (2A, 6E)
tot later	à plus (1A)
trein	le train (3A)
tussen	entre (6B)
twaalf uur 's nachts	minuit (6E)
twaalf uur 's middags	midi (6E)
twijfelen	hésiter (5A)

U

uitgaan	sortir (2E)
uitgeven	dépenser (7A)
een hond uitlaten	sortir un chien (7A)
uitrusten	se reposer (2A)
uitslapen	faire la grasse matinée (2A)
uitstapje	la sortie (7A)
uitstappen	descendre (3A)
uitvinden	inventer (3F)
uitzending	l'émission *v* (6A)
uitzicht (op)	la vue (sur) (3E)

N - F

V

vaak	remplir les rayons
vakken vullen	(7A)
vallen	tomber (6F)
vanavond	ce soir (6A)
vanwege	à cause de (3A, 6B)
veel plezier!	amuse-toi bien! (1A)
vergeten	oublier (1B)
verhogen	augmenter (7A)
verkopen	vendre (1F)
verkoper	le vendeur (7A)
verlaten	quitter (6B, 7F)
verlegen	timide (1E)
verliefd	amoureux, -euse (2F)
verliezen	perdre (6F)
verschillend	différent(e) (6A)
vertellen	raconter (5B)
ik vertrek	je pars (6E)
het vertrek	le départ (3A)
vertrekken	partir (3B)
vertrouwen	la confiance (6A)
vierkant	carré(e) (7E)
vies	sale (3E)
dat vind ik leuk	ça me fait plaisir (5A)
vinden	trouver (3F)
vis	le poisson (5A)
vlees	la viande (5A)
vliegtuig	l'avion *m* (3A)
vloeiend	couramment (6A)
voet	le pied (6A)
volgen	suivre (2E)
volgende	prochain(e) (2A)
volgens	selon (2B)
volwassene	l'adulte *m/v* (6A)
voor (*plaats*)	devant (1A)
vóór (*tijd*)	avant (3F, 6B)
vooral	surtout (5F)
in het voorjaar	au printemps (3B)
voorwaarde	la condition (7F)
vork	la fourchette (5E)
vragen	demander (3A, 7B)
vreselijk	terrible (2E)
vrije tijd	le temps libre (2B, 3B)
vroeg	tôt (2A)
vrouw	la femme (5F)
souvent (1E)	

W

waardeloos	nul(le) (2E)
waarderen	apprécier (7F)
wachten	attendre (1A)
wanneer	quand (6B)
want	car (5B)
wij waren	on était (1A)
warm	chaud(e) (5F)
hij was	il était (6B)
water	l'eau *v* (6F)
ik weet (het)	je sais (6A)
ik ga weg	j'y vais (1A)
weigeren	refuser (6B, 7A)
welkom	bienvenue (1A, 3A)
wereld	le monde (6B)
op het werk	au travail (1E)
werk	le travail (3B, 6B)
werken	travailler (1A, 5B, 7A)
weten	savoir (1F)
wijk	le quartier (3B)
wind	le vent (7F)
winkelen	faire les magasins (2A)
winter	l'hiver *m* (7B)
wintersport	les sports d'hiver *m mv* (3E)
wit	blanc, blanche (7E)
woestijn	le désert (3B)
woord	le mot (6A)
worden	devenir (5B)

Z

zakgeld	l'argent de poche *m* (7A)
zee	la mer (5F)
zeggen	dire (1A)
zeker	sûr(e) (6A)
hij ziet	il voit (1A)
ik zal zijn	je serai (3A)
zilver	l'argent *m* (1F)
zin hebben (om)	avoir envie (de) (2A)
zoals	comme (2B, 6A)
zoeken	chercher (3A)
zomer	l'été *m* (7B)
zonnebril	les lunettes de soleil *v* (7B)
zout	le sel (5E)
zwaar	lourd(e) (7E)
zwart	noir(e) (7E)
zwemmen	nager (5F)

BRONVERMELDING

Beeldresearch: B en U International Picture Service, Amsterdam

Nature in Stock / Hemis / René Mattes: p. 8-9, 85 lb
iStockphoto: p. 14, 42, 54 (4, 5), 63, 69, 86 m, 99, 193 (fitness, scooter, gamen en pizza eten)
Imageselect: p. 15, 28 o, 31 lo, 64, 80 o, 85 ro, 100
Ellis Dik, Tynaarlo: p. 16
Shutterstock: p. 17, 19 (6x), 23 (3x), 29 (6x), 54 (6), 82-83, 85 (lm, lo), 86 l, 103 (lb, lo), 107 (rb, o), 114 o, 117, 131 (4x), 136, 193 (alle foto's behalve fitness, scooter, gamen en pizza eten)
Pixabay: p. 27, 28 b, 31 ro, 54 (1, 2), 93, 114 b, 139 (4x)
ANP Foto / Hollandse Hoogte / AFP / Thomas Samson: p. 31 lb
ANP Foto / Hollandse Hoogte / AFP / Andrew Kasuku: p. 31 rb
Nature in Stock / Hemis / Bertrand Gardel: p. 44-45
Getty Images: p. 53 l, 67 (rb, ro)
ANP Foto / Reuters / Benoit Tessier: p. 53 r
Google Maps: p. 54 (3)
Dreamstime: p. 61, 86 r
ANP Foto / Reuters / Milena Georgeault: p. 67 lb
Nature in Stock / Hemis / Christian Guy: p. 80 b
123RF: p. 85 rb
Nature in Stock / Hemis / Ludovic Maisant: p. 85 rm, 105
Mi Electric Scooter Xiaomi: p. 89 l
Dr. Dré: p. 89 m
JBL: p. 89 r
ANP Foto / Reuters / Leonhard Foeger: p. 103 rb
worldvectorlogo.com: p. 107 lb
Nature in Stock / Hemis / Lionel Lourdel: p. 138
ANP Foto / Hollandse Hoogte / SIPA Press: p. 145

Chef de cuisine: letudiant.fr/métiers
Le métro au cinéma: Sciences pour les jeunes, juillet aout 2019
Quel pied ce voilier!: Okapi, nr 1087, avril 2019
Nager avec un requin: Okapi, décembre 2019
Le (vrai!) chocolat chaud: Okapi, le guide du collège hors série 2019/2020
Ils étaient mal partis et pourtant ...: Les surdoués, nr 4, du 21 mars au 20 juin 2019
Un concours qui décoiffe: Le monde des ados (nr 427)
Pluie d'or: Okapi, mai 2018
Pas de contrôles: Junior Magazine nr 21
Es-tu une cigale ou une fourmi?: www.oupe.es
Enfin prouvé: Okapi, décembre 2019
Marathon record: Okapi, décembre 2019
Devinettes: CE TL 2019, 1e tijdvak, tekst 12
Exercice 23d, Chapitre 7: centraal examen vraag CE TL 2019, 1e tijdvak, vraag 38

Références
Nous remercions vivement toutes les institutions de leur autorisation à reproduire les textes et illustrations indiqués ci-dessus. Là où, malgré nos efforts, nous n'avons pas réussi à trouver les ayants droit et leur domicile, nous sollicitons l'aide de tous ceux qui peuvent nous en informer.

Met betrekking tot sommige teksten en/of illustraties is het de uitgever, ondanks zorgvuldige inspanningen daartoe, niet gelukt eventuele rechthebbende(n) te achterhalen. Mocht u van mening zijn (auteurs)rechten te kunnen doen gelden op teksten en/of illustratiemateriaal in deze uitgave, dan verzoeken wij u contact op te nemen met de uitgever.

CARTE DE FRANCE KAART VAN FRANKRIJK

CARTE DU MONDE WERELDKAART

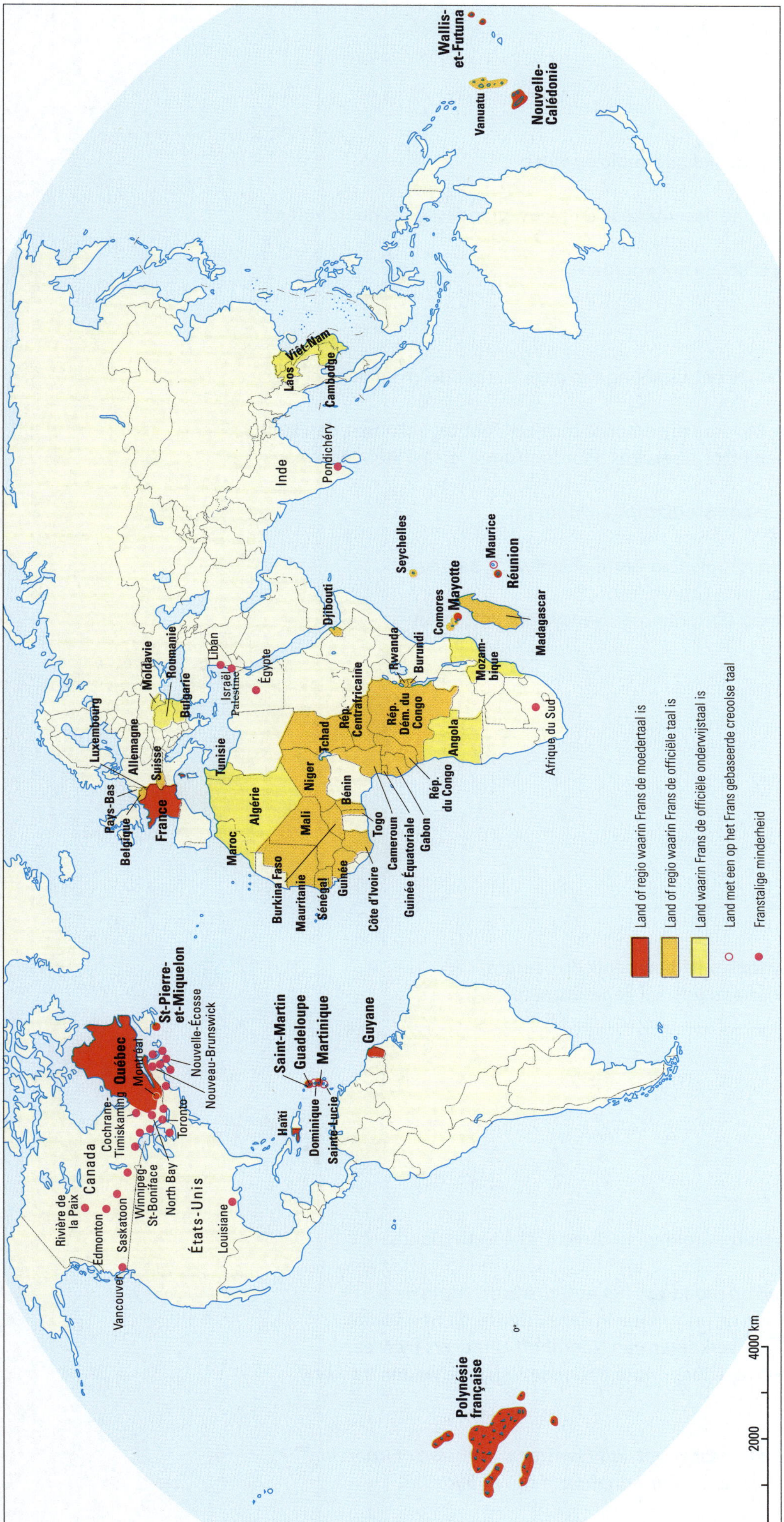

Opbouw Grandes Lignes 6e editie 3 havo
Grandes Lignes bestaat uit:

Voor de leerling:
– cahiers d'activités
– *Grandes Lignes en ligne,* inclusief alle audio en video

Voor de docent is er een online docentenpakket (www.grandeslignes.noordhoff.nl) met:
– docentenhandleiding, scripts en antwoorden
– veel extra's
– alle toetsen

Wij besteden veel zorg aan de ontwikkeling van onze leermiddelen en doen er alles aan
om fouten te voorkomen. Mocht u onverhoopt toch een fout tegenkomen, dan kunt u dit per mail doorgeven aan https://services.noordhoffuitgevers.nl/Stel-een-vraag.

Conceptontwerp omslag: nu:amsterdam/nu:rotterdam
Omslagfoto: Shutterstock
Vertaling vormgeving omslag: Splendid Grafisch Ontwerp, Baarn
Ontwerp binnenwerk: Bloemvis, Groningen
Illustraties: Josje van Koppen, Rotterdam en Nancy Kers, Rotterdam

Klimaatneutraal
Noordhoff vindt jouw toekomst belangrijk en daarom hebben wij dit boek klimaatneutraal geproduceerd.

FSC MIX Papier van verantwoorde herkomst FSC® C118189

4 / 23

ISBN 978-90-01-89519-8

NETFLIX

Départ
Vertel hoe je heet.
Je mag nog een keer gooien.
Wat vind je niet leuk om te doen?
Noem drie dingen die je kunt eten.
bonjour!
Vertel wat voor dag het vandaag is.
Beschrijf je familie in twee zinnen.
Vertel hoe laat het nu is.
Ga drie vakken vooruit.
Noem twee woorden die met het milieu te maken hebben.
Tel t/m 20 in het Frans.
Noem drie dingen die je op het strand kunt vinden.
Wat zou je kopen met 10 euro?
Noem drie vervoersmiddelen.
Ga vijf vakken terug.
Noem drie dingen die je kunt doen met je mobieltje.
Noem vier kleuren.
Noem drie woorden om een voorwerp te beschrijven.
Wat zou je kopen met 100 euro?
Sla een beurt over.
Wat voor weer is het vandaag?
Hoe voel je je vandaag?
Noem twee beroepen.
Noem twee dingen die je in de les doet.
Vertel waarom Frans zo leuk is.
Ga drie vakken terug.
Arrivée